运营手稿

互联网运营指北

刚哥 / 著

電子工業出版社
Publishing House of Electronics Industry
北京•BEIJING

内容简介

本书系统介绍了互联网运营的思维和方法。本书通过120张手绘导图，从职场、运营综合、用户运营、流量运营、内容运营、活动运营、杂项等7个方面，清晰、立体、直观、高效地提炼解决运营问题的各种认知、思维、方法和思路。本书遵循“一图胜千言”的理念，将复杂的认知逻辑知识用简单的图形加以呈现。

从事互联网运营的初学者及老手阅读本书后，可以系统理解运营的相关知识，对职业发展有更清晰的规划。从事数字化转型的传统企业管理者阅读本书后，会更加了解运营，制订企业KPI时会更加有的放矢。

图书在版编目（CIP）数据

运营手稿：互联网运营指北/闫志刚著. —北京：电子工业出版社，2023.2
ISBN 978-7-121-44840-9

Ⅰ. ①运…　Ⅱ. ①闫…　Ⅲ. ①互联网络－应用－企业管理－运营管理
Ⅳ. ①F273-39

中国国家版本馆CIP数据核字（2023）第014865号

责任编辑：宋亚东
印　　刷：天津千鹤文化传播有限公司
装　　订：天津千鹤文化传播有限公司
出版发行：电子工业出版社
　　　　　北京市海淀区万寿路173信箱　　邮编：100036
开　　本：880×1230　1/32　印张：8.5　字数：272千字
版　　次：2023年2月第1版
印　　次：2023年12月第4次印刷
定　　价：100.00元

凡所购买电子工业出版社图书有缺损问题，请向购买书店调换。若书店售缺，请与本社发行部联系，联系及邮购电话：（010）88254888，88258888。

质量投诉请发邮件至zlts@phei.com.cn，盗版侵权举报请发邮件至dbqq@phei.com.cn。

本书咨询联系方式：（010）51260888-819，faq@phei.com.cn。

推荐序一

和刚哥相识，源于一位老同学的推荐。当时我正在小赢科技担任总裁，恰逢公司初创的用人之际。一次偶然的机会，我和老同学吃饭，说起找靠谱的有能力的人有多困难，他遂把刚哥推荐给了我。我对刚哥的印象是：思维发散但又能落地、文艺但又不失江湖义气、谋一域但又看得见全局，是位不可多得的人才。于是，我们一起在小赢科技共事了 2 年，然后又一起出去开辟新的事业，一直合作得很愉快。

我对刚哥写了这本书一点都不意外，毕竟刚哥是位“有想法的同志”。我甚至觉得这件事发生得有点迟。但当我看完书的那一刻，我不得不说，刚哥还是超出了我的预期，是位“很有想法的同志”。这本书着实让我眼前一亮。

通览全书，我不禁感慨：“居然还可以这么玩！”用逻辑图的形式输出运营专业知识，例如各种“罗盘图”“运营飞轮”“洋葱图”，既形象，又实用，十分难得。同时，全书对互联网运营做了由点到面、系统化、结构化的梳理和总结，新颖独特、直观高效、诚意满满。

另外，全书采用手绘的形式，每张图都用笔画出来，字体俊美、行文流畅，堪称一件不可多得的“运营艺术品”。与刚哥共事了那么久，第一次发现刚哥还有这种隐藏技能，又得到了一个惊喜。

我细看本书的时候，发现每一张图都很完整、全面，质量很高。书中不仅有诸如“商业模式画布”这种经典图，还有作者根据自己多年经验研究出的各种“神仙呈现”。为方便大家阅读，还增加了“阅读提示”，非常贴心。很多次，我读着读着就开始感慨，他是怎么想出这些内容来的呢？

比如“C 端运营罗盘”很全面地讲了 C 端运营的操作思路和具体做法；再比如“用户成长体系”的 4 个主要模块——价值体系、成就体系、权益体系、信誉体系，刚哥用“事 - 尺 - 赏 - 罚”来概括，同时也将具体的构成一一列出，不但给出思路，还给了详细的做法；再比如“增长的火箭”，将企业增长的 3 种主要模型用火箭的形象画出来，甚至阐述了Ⅰ级→Ⅱ级→Ⅲ级的推动是什么、燃料是什么、侧翼是什么。能做到把运营的知识如此形象、细化地表达出来，不仅要对运营知识熟稔，还要有深度的思考和研究。书中各种逻辑图不胜枚举，值得细细品读。

合上书，我就在想：到底应该如何评价这本书？这本书体现了作者超强的“结构化”能力，犹如“庖丁解牛”般拆解运营，既有整体，又有部分，还有逻辑。从形式上、内容上，能看得出作者对运营方法掌握得纯熟，对本书倾注了大量心血。运营人员有福了，再也不用去啃各种晦涩难懂的、厚厚的书本了。认真读完这本书，就是他们迈向互联网运营专家的第一步。

一句话，这是一本不可多得的好书，凝聚着作者多年的经验和心血。可以预见的是，运营人员会多一本实用的工具书，企业高管会多一本有价值的参考书，而我，则会多一本值得推荐的藏书。

微言科技创始人

黄 聪

2022 年 12 月

推荐序二

遇到一位好的引路人是件幸运的事情

和刚哥相识已经是10年前的事情了，当时我在人人网负责招聘相关的新业务，而刚哥则在团队中负责市场和运营工作。在运营方面，刚哥于我而言，一直是一位最好的老师和引路人。我比大家幸运得多，除了能向他学习理论知识，还能非常深入地接触刚哥日常操刀运营的一件件具体事情，让我对于运营的理解，从宏观到微观，都有了全新且深刻的认知。不论是品牌营销还是用户转化，不论是线上获客还是线下推广，不论是C端营销还是B端客情，刚哥给团队的感觉就是无所不能，全面而且精深。他是一位能在半年内让产品快速冷启动，并做到数百万日活的神奇男人。这些经历，让我在日后的工作中，不管是直接管理业务，还是通过产研赋能业务，都获益良多。而且越是做线下场景复杂的业务，越能体会到这种全面和深刻的认识，并不局限于互联网业务本身。

刚哥的这本手稿，是一本难得的运营工作的地图和手册。希望能快速上手的、刚刚入行的运营新人，或者在运营工作方面有一定积累并寻求突破的小伙伴，看完本书后都会获益良多。在这些年的工作中，我接触了不少做运营工作的小伙伴，很多人有不错的想法和产出，但受限于工作的职责和越来越碎片化的知识获取渠道，往往局限在自身的工作逻辑里，只见树木不见森林，知其然不知其所以然。刚哥的这本书，就如书中用得很高频的一个词——“指北”

一样，是一本指北的路书，生动简明又极其实用。

对于从事非运营工作的小伙伴和管理者，这本书能让大家对运营工作的全景视图和要点知识有快速而准确的认识，更好地形成组织协同；对于从事运营工作的小伙伴，这本书是一部指导手册，针对具体的运营工作场景，用非常形象和概括的方式勾勒出要点和路径，指导大家怎么去做。

我能遇到刚哥，是件幸运的事情，大家能看到这本书，读到刚哥的总结分享，也是缘分。在阅读、思考和实践的过程中，希望大家能有和我一样的感受，那就是——“遇到一位好的引路人是件幸运的事情”。

网易 / 人人网前业务负责人

e 代驾副总裁

e 保养合伙人

袁 荣

2022 年 12 月

前　言

互联网发展非常迅猛，如今大部分企业把互联网作为一个重要工具来使用，有的企业甚至直接转型为互联网模式。因此，互联网运营就成了一个绕不开的、决定业务或企业成败的重要单元。互联网运营是一个相对比较新的领域，很多运营从业者很难找到系统化的、可供参考借鉴和学习的资料。即便有一些资料，大多也是琐碎的、杂乱的、冗长的。我在想，如果我能够系统化、结构化地把运营方法论整理总结沉淀，并用一种极简的方式呈现出来，将会是一件非常有挑战性和有价值的事情。

为什么写本书

我一直在观察，运营人员是如何学习和成长的。大多数情况下，他们看一些文章、听一些讲座，用碎片化的时间进行碎片化的思考。这种方式不仅效率低，而且成长慢。我做了 10 多年的运营工作，从门户网站到社交平台，从金融到新零售，从新媒体到知识付费，从事过很多行业，也从专员到主管，从总监到总经理，历经了很多职位。我发现大多数行业的运营底层和方法论是共通的，根据行业的不同稍作调整，一套方法论几乎可以直接用在多个行业里。于是，我开始不断思考如何能够结构化、体系化地整理这些年积攒的运营知识和经验。

大约经过 2 年的时间，我整理出了一整套可以应用在不同行业的运营方法论。我想把这些思考分享给大家，于是有了自己的自媒体，得到了一些关注度，也帮助到了一些人，这让我很欣慰。但当我环顾四周的运营图书时，看到的几乎都是需要读者花费很长时间去读的大厚书。我想，有没有更好的呈现方式，可以让一本书在方便读者参考、学习、深度思考的同时，给读者带来更大的价值呢？

于是，就有了这本几乎全是逻辑图的书《运营手稿——互联网运营指北》。通过一页一张图、一张图一个知识点的模式，由点到线再到面，呈现更简洁、更体系化的运营知识全貌。为保持原汁原味，本书还采用了手绘的底稿。全书力求做到没有一个字是多余的，因为对读者来说，消耗的时间和精力，对知识的消化和吸收效果，远远比一本书的售价更重要。

本书主要内容

本书共 7 章，包括 120 张手稿，并配有具体的阅读注解。

第 1 章是职场（共 10 张），包括职场的问题和解法，如面试、工作评估和职业规划等；第 2 章是运营综合（共 28 张），包括运营工作中常用的模型、思维、玩法和策略等，如 B 端运营罗盘、C 端运营罗盘等；第 3 ~ 6 章分别是用户运营（共 35 张）、流量运营（共 20 张）、内容运营（共 12 张）、活动运营（共 10 张），包括几个运营模块下常用的技能和方法论。第 7 章为杂项（共 5 张），简单介绍作为“运营杂家”需要掌握的一些道理和认知。

如何阅读本书

本书致力于帮助运营人员建立知识体系，解决实际问题，带来深度思考，建议通过以下方法阅读本书，领会其中的内涵。

- 第一遍，通览全书，结合内容把自己的运营体系梳理一遍，寻找在哪些运营板块还存在知识盲区并迅速补足。

- 第二遍，对照手稿，详细拆解自己目前正在负责的运营事项，例如用户运营、活动运营，甚至是如何建立用户成长体系、积分体系等。通过对单张手稿的研究，解决运营工作中的实际问题。
- 第三遍，针对某张手稿，结合某块业务或者某个问题，仔细研究，深挖手稿的逻辑和思路。在深挖的过程中，对自己原有的认识、理解等产生深度思考，从而扩展自己的认知边界。
- 最后，看完本书请别放书架上，把它扔在办公桌上、枕头边上、厕所某处，偶尔翻翻，或有惊喜。

适读人群

建议以下四类读者深度阅读此书。

- 企业管理者，尤其是正在或准备进行互联网转型的中小企业负责人。
- 运营从业者，适用于有 1 ~ 6 年工作经验的人群，需要具备基本的运营知识。
- 互联网相关从业者，与运营工作有交集的部门人员，如产品经理、销售人员、市场专员等。
- 创业者，尤其是互联网行业的创业者。

致谢

首先要特别感谢我的妻子，我整理运营手稿的初衷只是总结自已的经验和收获，供自己思考，或与朋友分享，是她促成了这本书的出版，使我能与千千万万读者分享这本书。

感谢钱梅芳（宝惜）为本书设计的 IP 形象。

感谢电子工业出版社博文视点和宋亚东老师对本书的重视，以及为本书出版所做的一切。

由于作者水平有限，书中不足及错误之处在所难免，敬请各位专家和读者给予批评指正。

刚哥

2023 年 2 月

目 录

第 2 章　运营综合

第 3 章　用户运营

第 4 章 流量运营

第 5 章　内容运营

第 6 章　活动运营

第 7 章 杂项

第1章 职场

懂一点职场的知识，会帮助你更好地施展自己的才华。

工作评估——工作评估罗盘

手稿阅读提示：

① 工作是需要评估的。

② 投入—报酬—内容—感知，是一个对工作由浅入深的评估维度。

③ 投入决定了工作强度，报酬决定了工作付出度，内容决定了工作匹配度，感知决定了工作满意度。

工作评估——工作评估罗盘

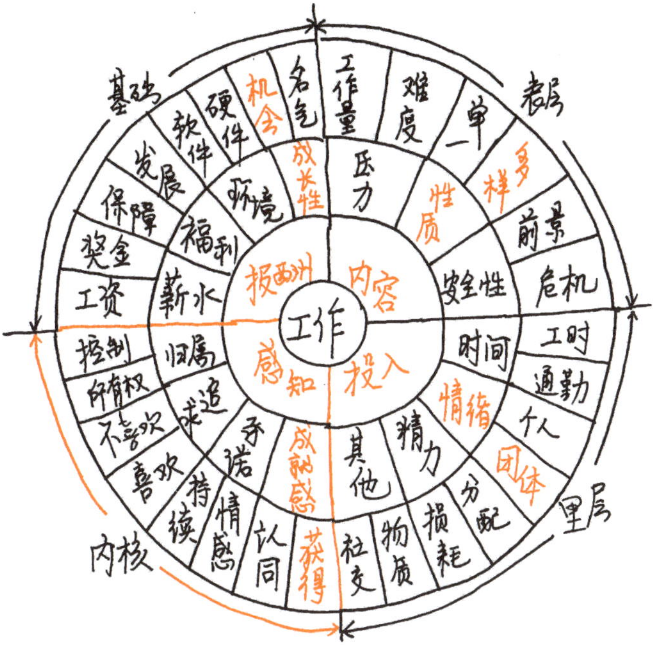
基础
表层
里层
内核
工作
报酬
内容
投入
感知
成长性
压力
性质
安全性
时间
情绪
精力
其他
成就感
承诺
追求
归属
薪水
福利
环境
名气
工作量
难度
单一
多样
前景
危机
工时
通勤
个人
团体
分配
损耗
物质
社交
获得
认同
情感
持续
喜欢
不喜欢
所有权
控制
工资
奖金
保障
发展
软件
硬件
机会

职场论道——职场的逻辑

手稿阅读提示：

- 这是一张洋葱图，层层向里，逐渐接近本质。因为生活和工作很难完全分隔，所以在最里层，职场的本质是一种生活方式。
- 根据进入职场的时间不同，职场的逻辑也有不同。因人、因时、因需求而各有不同。

职场论道——职场的逻辑

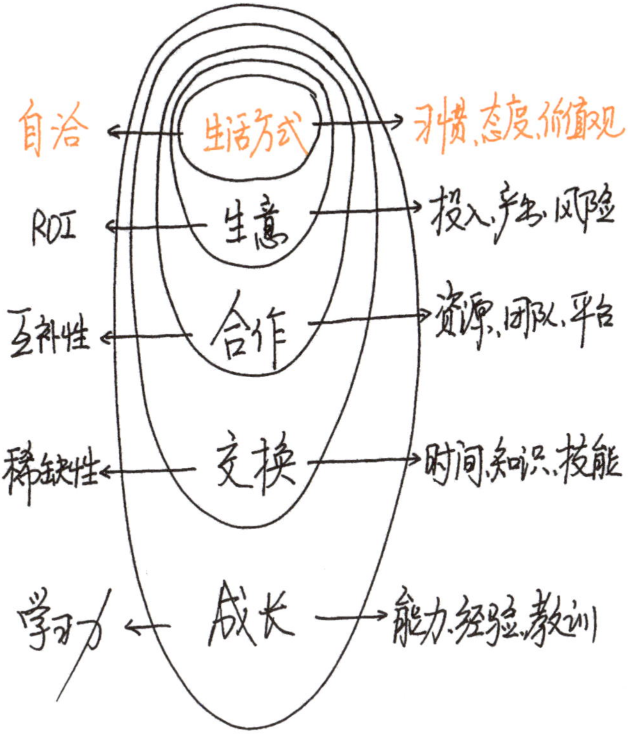
自洽
生活方式
习惯、态度、价值观
ROI
生意
投入、产出、风险
互补性
合作
资源、团队、平台
稀缺性
交换
时间、知识、技能
学习力
成长
能力、经验、教训

职业规划——绕不开的七个问题

手稿阅读提示：

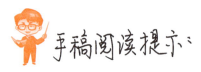

- 这七个问题基本上包括了职业规划所需解决的问题。
- 自我认知，对自己有清晰的认知，是能够将你的职业规划做好的前提、基础。
- 需要注意，职业规划是需要不断地动态调整的，而不是制订完以后便一成不变了。

职业规划——绕不开的七个问题

1. 我是谁？→ 性格、三观、特质、爱好 → 自我认知
2. 我想干啥？→ 目标、价值、倾向、需求 → 目标设定
3. 我能干啥？→ 能力、水平、技能、知识 → 能力评估
4. 我有啥？→ 资源、人脉、金钱、经验 → 资源储备
5. 啥情况？→ 社会、行业、家庭、公司 → 环境掌控
6. 咋做到？→ 策略、通路、计划、执行 → 路径设计
7. 做不到咋办？→ 评估、动态、周期、修正 → 动态调整

简历——到底怎么写才有效

手稿阅读提示：

- 简是指简单、简洁；历是指经历、过去。简是形，历是神。
- 意向岗位不容忽视，你想干什么，对双方来说都很关键。
- 能力验证是展示核心，要由点到面，有一致性地呈现。
- 严肃是龙，活泼是睛。即使不写明爱好也要留有伏笔。

简历——到底怎么写才有效

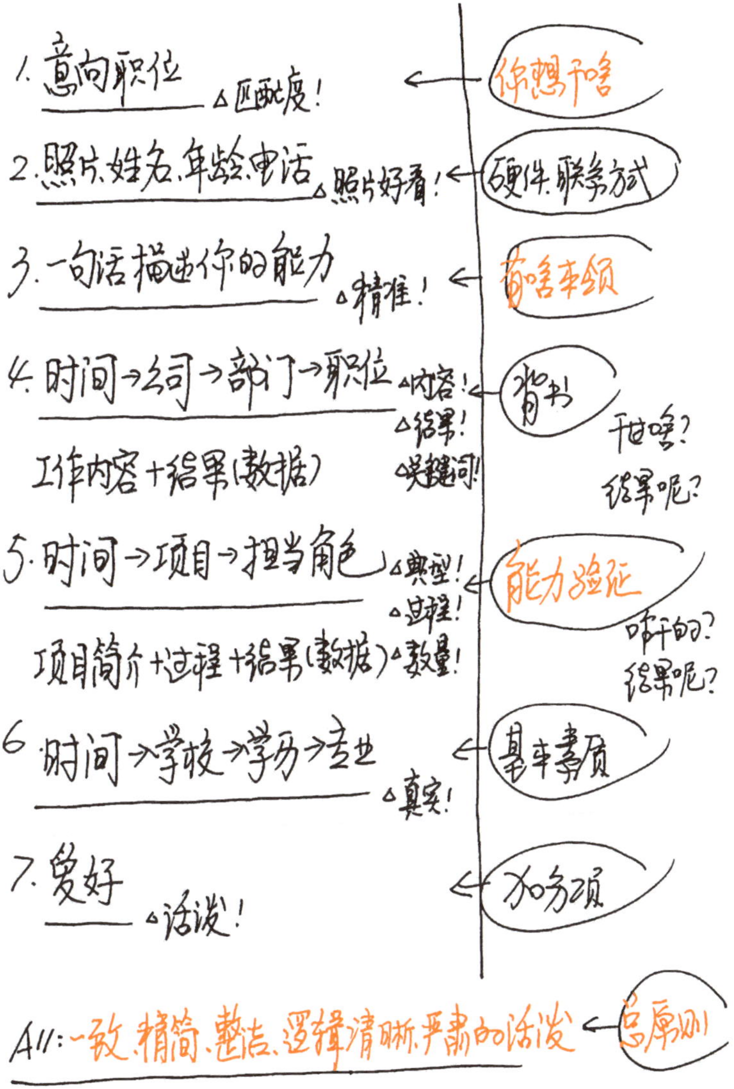
1. 意向职位
△匹配度!
你想干啥
2. 照片.姓名.年龄.电话
△照片好看!
硬件.联系方式
3. 一句话描述你的能力
△精准!
有啥本领
4. 时间→公司→部门→职位
工作内容+结果(数据)
△内容!
△结果!
△关键词!
背书
干啥?
结果呢?
5. 时间→项目→担当角色
项目简介+过程+结果(数据)
△典型!
△过程!
△数量!
能力验证
咋干的?
结果呢?
6. 时间→学校→学历→专业
△真实!
基本素质
7. 爱好
△活泼!
加分项
All: 一致.精简.整洁.逻辑清晰.严肃的活泼
总原则

面试——面试的流程与考题

手稿阅读提示：

- 1分在简历，6分在职业技能，3分在面试之外。
- 压力测试通常都有，有的在明，有的在暗。
- 开放性问题，是面试里最难的一道题。
- 觉得面试能成功而又没成功的人，大多数失败在候选人提问的环节。
- 等待通知不是让你真的安安静静地干等。

面试——面试的流程与考题

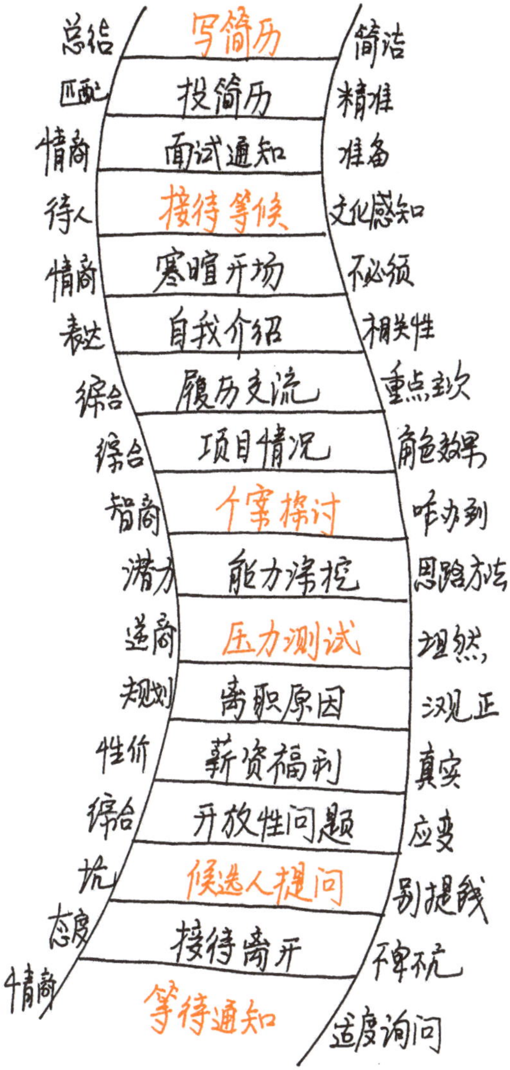
总结
写简历
简洁
匹配
投简历
精准
情商
面试通知
准备
待人
接待等候
文化感知
情商
寒暄开场
不必须
表达
自我介绍
相关性
综合
履历交流
重点主次
综合
项目情况
角色效果
智商
个案探讨
咋办到
潜力
能力考核
思路方法
逆商
压力测试
坦然
规划
离职原因
三观正
性价
薪资福利
真实
综合
开放性问题
应变
坑
候选人提问
别提钱
态度
接待离开
不踩坑
情商
等待通知
适度询问

面试——面试官该问什么

手稿阅读提示：

- 遇到一个优秀的面试官和遇到一个优秀的候选人一样重要。有时候，不是你不够优秀。
- 面试里眼缘特别重要，气场相合也很重要。能力可验证，走到一起靠玄学。
- 三不问：面基层不问工作详情，要看发展素质；面中层不问细节，要看落地战术；面高层不问业务，要看战略思路。

面试——面试官该问什么

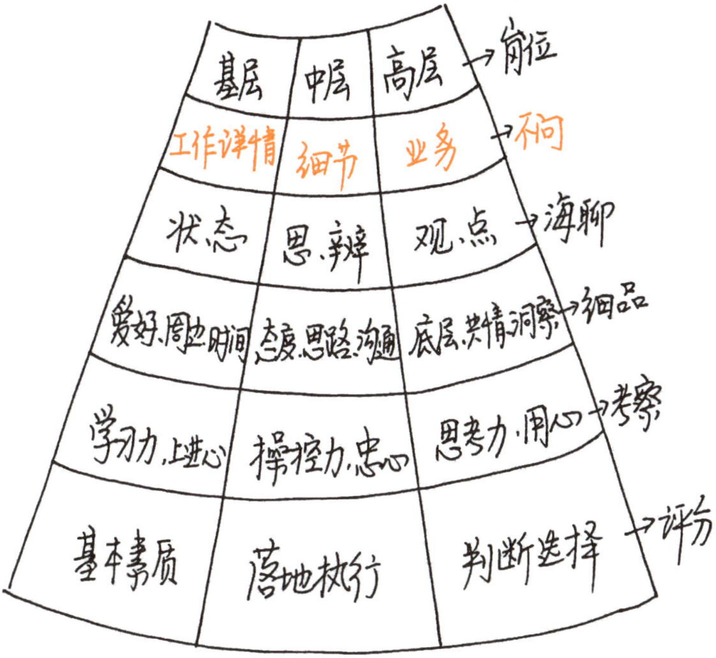
基层
中层
高层
→岗位
工作详情
细节
业务
→тог问
状态
思辨
观点
→海聊
爱好、周边、时间
态度、思路、沟通
底层、共情、洞察
→细品
学习力、上进心
操控力、忠心
思考力、用心
→考察
基本素质
落地执行
判断选择
→评分

择业七星图——如何选择一家企业

手稿阅读提示：

① 评估公司前，先评估自己。择业的核心是交换，交换的核心是价值。

② 从小事看大势，从细节看整体。

③ 环境、行业、阶段、位置均是应重点参考的外部因素。

④ 俗语有云：千金难买我乐意。喜欢，是最大的筹码。

择业七星图——如何选择一家企业

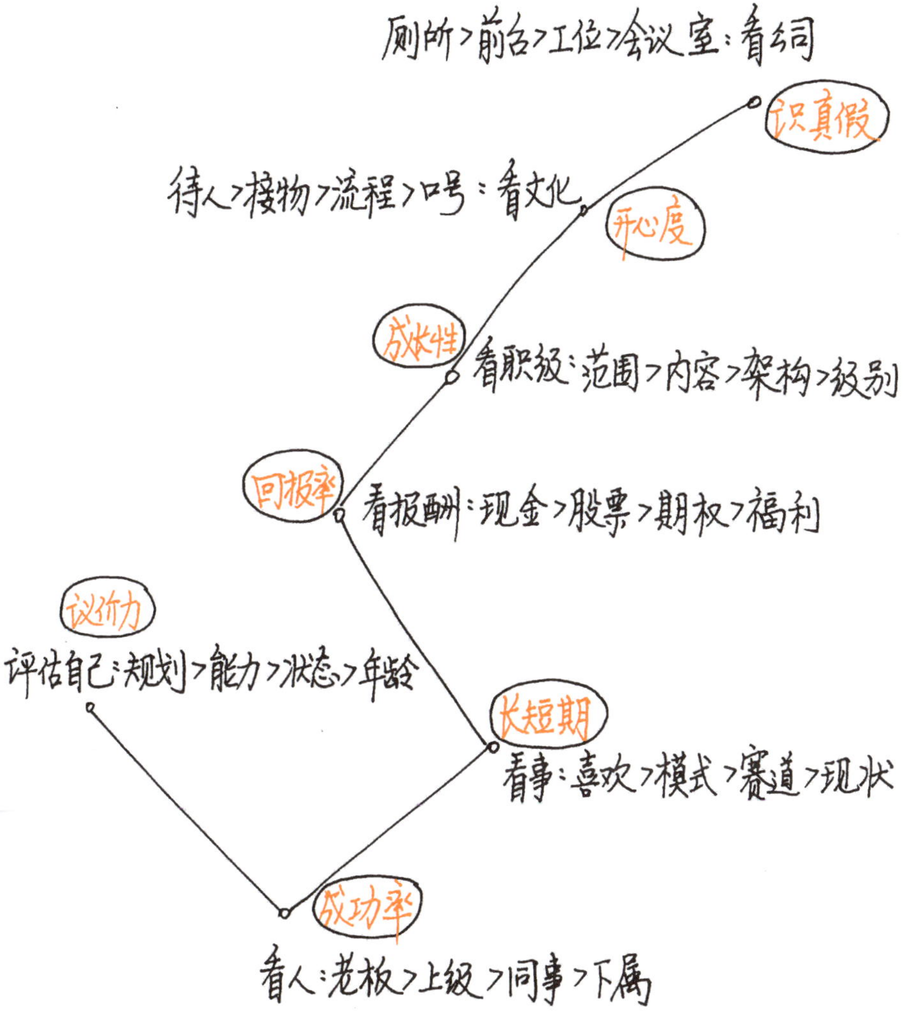
厕所>前台>工位>会议室：看公司
识真假
待人>接物>流程>口号：看文化
开心度
成长性
看职级：范围>内容>架构>级别
回报率
看报酬：现金>股票>期权>福利
议价力
评估自己：规划>能力>状态>年龄
长短期
看事：喜欢>模式>赛道>现状
成功率
看人：老板>上级>同事>下属

优秀员工 ——你该具备哪些特质

手稿阅读提示：

- 优不优秀，三分在你，七分在外。
- 大部分特质可以后天习得，但越基础的特质，越与生俱来，难以习得。
- 补充一个特质：良好的价值观念，比你认为的还要再重要20%。
- 在绝对的实力面前，外表啥用没有。

优秀员工——你该具备哪些特质

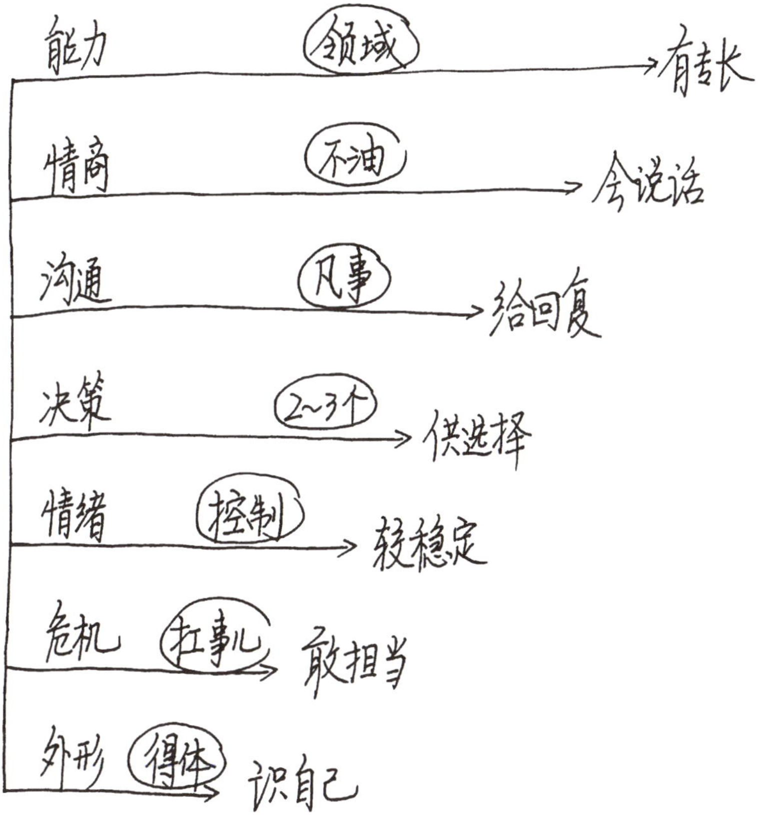
能力
领域
有专长
情商
不油
会说话
沟通
凡事
给回复
决策
2~3个
供选择
情绪
控制
较稳定
危机
扛事儿
敢担当
外形
得体
识自己

职场PUA ——职场的边界在哪里

手稿阅读提示：

- PUA的问题，核心是边界的问题。每个人的边界各有不同，所以不存在普世论。
- 别总觉得别人在PUA你，也别琢磨PUA别人，这都不是长久之道。
- 守好自己的并尊重别人的职场边界，掌握合适的尺度，是治PUA的良药。

职场PUA——职场的边界在哪里

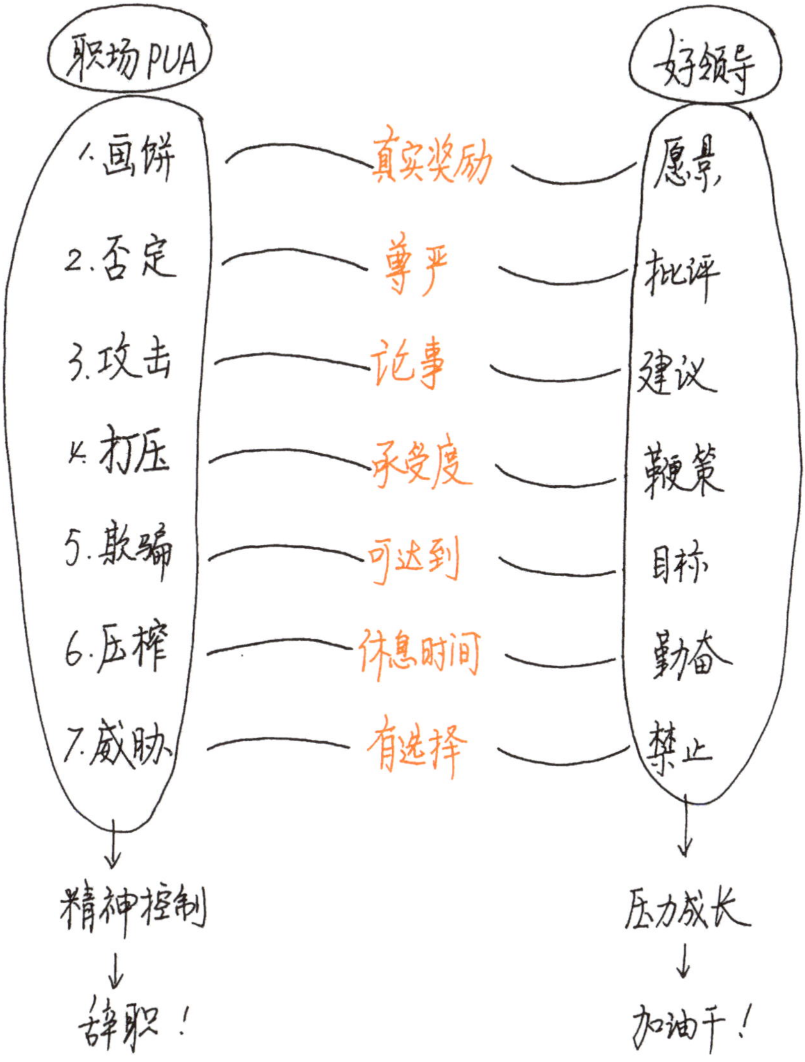
职场PUA
1.画饼
2.否定
3.攻击
4.打压
5.欺骗
6.压榨
7.威胁
真实奖励
尊严
论事
承受度
可达到
休息时间
有选择
好领导
愿景
批评
建议
鞭策
目标
勤奋
禁止
精神控制
辞职！
压力成长
加油干！

汇报总结——年终总结怎么写

手稿阅读提示：

- 凡是总结，都不要篇幅过长。
- 说结论、结果，少谈过程，非要谈，带着故事谈。
- 总结和计划相辅而生。

汇报总结——年终总结怎么写

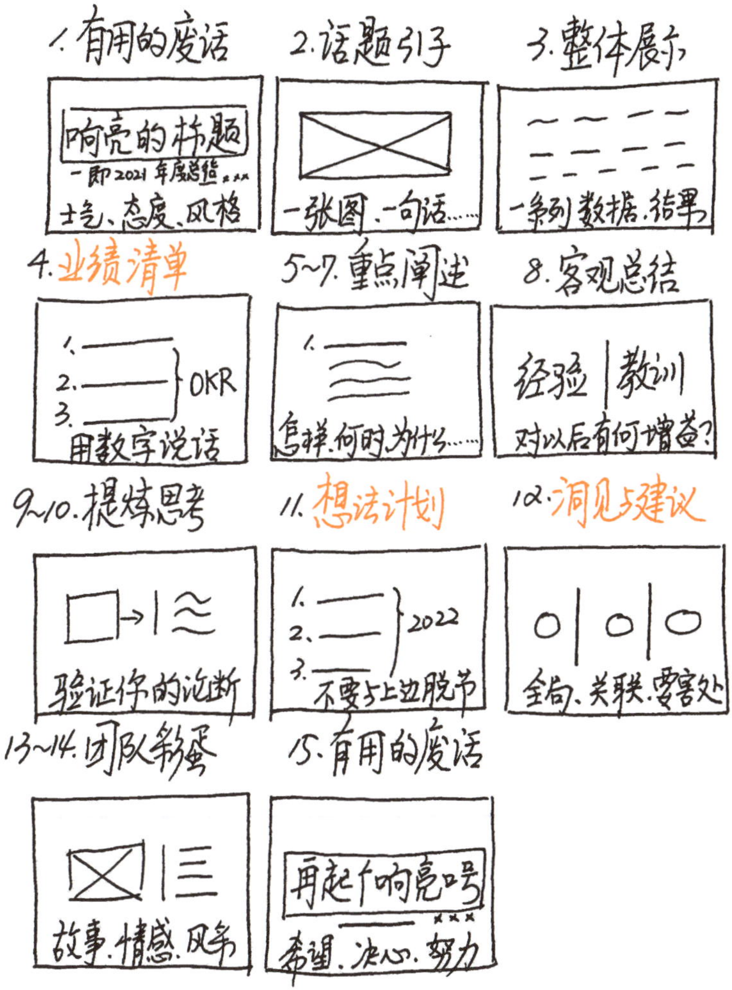
1.有用的废话
响亮的标题
—即2021年度总结 ×××
士气、态度、风格
2.话题引子
一张图、一句话……
3.整体展示
一系列数据、结果
4.业绩清单
1.
2.
3.
OKR
用数字说话
5~7.重点阐述
1.
怎样、何时、为什么……
8.客观总结
经验
教训
对以后有何增益?
9~10.提炼思考
验证你的论断
11.想法计划
1.
2.
3.
2022
不要与上边脱节
12.洞见与建议
全局、关联、要害处
13~14.团队彩蛋
故事、情感、风采
15.有用的废话
再起个响亮的标题
×××
希望、决心、努力

第 2 章
运营综合

运营本身就是一门综合学科

运营飞轮——互联网运营指北

手稿阅读提示：

- 既然是飞轮，它首先是个闭合的圆；其次是可以滚动起来的。
- 用户研究是兼容运营飞轮的起点。
- 飞轮转起来，是为了企业的业务增长。所以，勿忘初心。

运营飞轮 —— 互联网运营指北

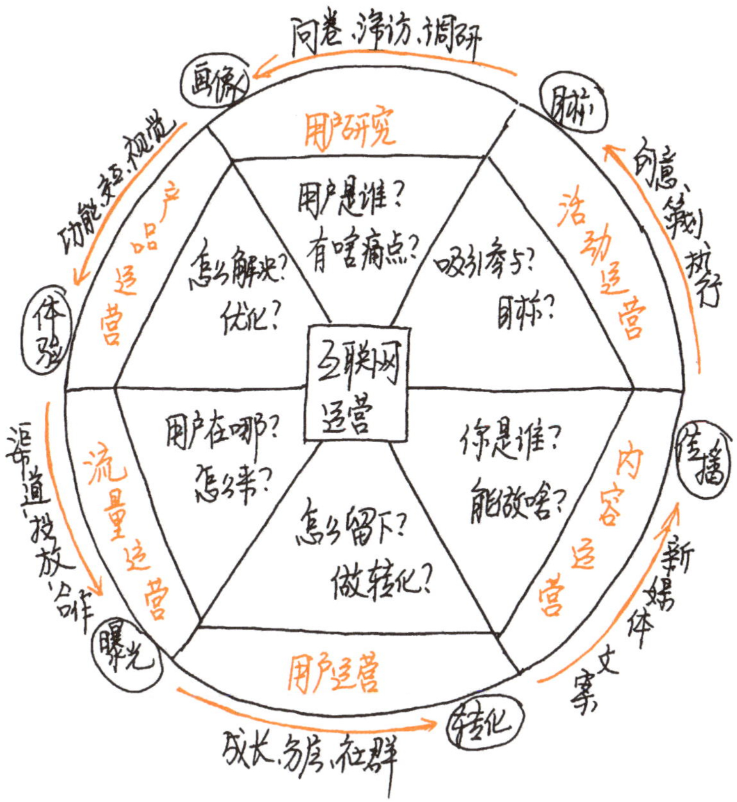
问卷、深访、调研
画像
目标
创意、策划、执行
用户研究
用户是谁？
有啥痛点？
产品运营
功能、交互、视觉
体验
怎么解决？
优化？
活动运营
吸引参与？
目标？
互联网运营
流量运营
渠道、投放、合作
曝光
用户在哪？
怎么来？
内容运营
传播
新媒体
文案
你是谁？
能做啥？
怎么留下？
做转化？
用户运营
转化
成长、分层、社群

运营认知——你在运营什么

手稿阅读提示：

- 切入点是流量，核心是用户心智。
- 既然是心智，就要善于利用客观措施塑造用户的主观感受。
- 所以，运营人员做什么不重要，用户感受到什么才重要。

运营认知——你在运营什么

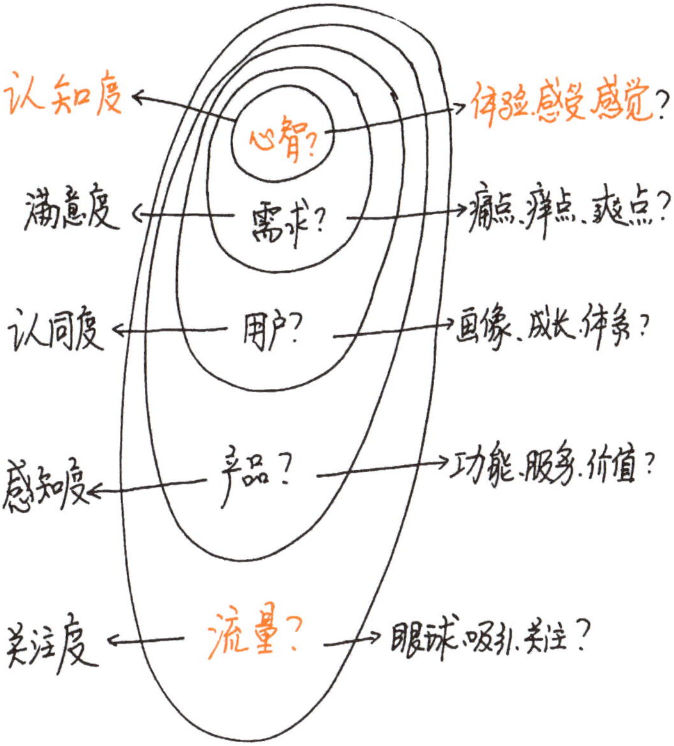
认知度
心智?
体验.感受.感觉?
满意度
需求?
痛点.痒点.爽点?
认同度
用户?
画像.成长.体系?
感知度
产品?
功能.服务.价值?
关注度
流量?
眼球.吸引.关注?

运营价值观——如何看待运营事项

手稿阅读提示：

- 运营价值观是你对运营的一些看法，轻重、缓急、高低、左右。
- 给用户提供价值，是产品、内容等的第一性原理。
- 流量和品牌极其相关。若运营人员只负责流量而不注重品牌，则会因小失大。

运营价值观——如何看待运营事项

用户 → 转化 > 活跃 > 留存 > 新增

↓

产品 → 价值 > 用途 > 体验 > 美观

↓

流量 → 品牌 > 裂变 > 活动 > 广告

↓

内容 → 价值 > 品味 > 趣味 > 时效

↓

活动 → 博弈 > 情感 > 体验 > 促销

运营驱动力——是什么在驱动产品运转

手稿阅读提示：

- 空心小圆点，代表的是重要程度。小圆点越多，表示越重要。
- 哪项元素导致了企业的主要增长，就可以认为是哪项元素驱动了产品运转。
- 同行业、领域，不同玩法影响驱动元素。

运营驱动力——是什么在驱动产品运转

运营事项 品类	用户	活动	内容	流量	产品	数据
电商	○○○	○○	○	○○○	○○	○○
游戏	○○○	○	○	○○	○○○	○○
工具	○○	○	○○	○	○○○	○○○
餐饮	○○	○○	○	○○○	○○○	○○
教育	○○○	○	○○	○○	○○○	○○
金融	○	○	○	○○○	○○○	○○
传媒	○○	○○	○○○	○○○	○	○○
人力	○○○	○○	○	○○	○○○	○○
医疗	○	○	○○○	○○	○○○	○○

运营方法论——如何把运营工作做好

手稿阅读提示：

- 用好这套运营方法论，不仅可以指导我们把运营工作做好，对于其他工作也有一定的适用性。
- 在运营工作里，对业务图谱的梳理、掌握比较关键，是好的运营效果的基石。

运营方法论——如何把运营工作做好

1. 业务图谱

业务脉络是什么?你负责的是什么?什么关系?

2. 工作清单

本月、周、天的工作内容是什么?完成度?优先级?

3. 信息获取

相关同事在做什么?交集是什么?有什么影响?

4. 思考洞察

用户和同事如何响应你的工作?为什么?常琢磨!

5. 技能提升

你是如何学习的?持续性如何?要有深度!

6. 追求热爱

工作里吸引你的是什么?有什么成就感?要感兴趣!

自我修养——运营人要修炼什么

手稿阅读提示：

- 运营修养决定了你怎么看问题、想问题、解决问题。
- 思维是基础，往上依次是模型、方法、能力，运营观是最高维的要求。
- 横向的一、二、三、四，是渐进的阶段升级。如在能力方面，沟通是基础，共情是更高维度的要求。

自我修养——运营人要修炼什么

构成 \ 阶段	一	二	三	四
思维	数据	用户	场景	跨界
模型	漏斗	生命周期	金字塔	行为
方法	测试	矩阵	归纳	演绎
能力	沟通	学习	创新	共情
运营观	精细	分享	连接	生态

运营交际花——运营是如何连接万物的

手稿阅读提示：

- 运营的本质，是连接。
- 运营是靠依附于其他模块（如产品、技术等）而产生更高价值的。
- 所以，运营很“软”，又是个杂家。

运营交际花——运营是如何连接万物的

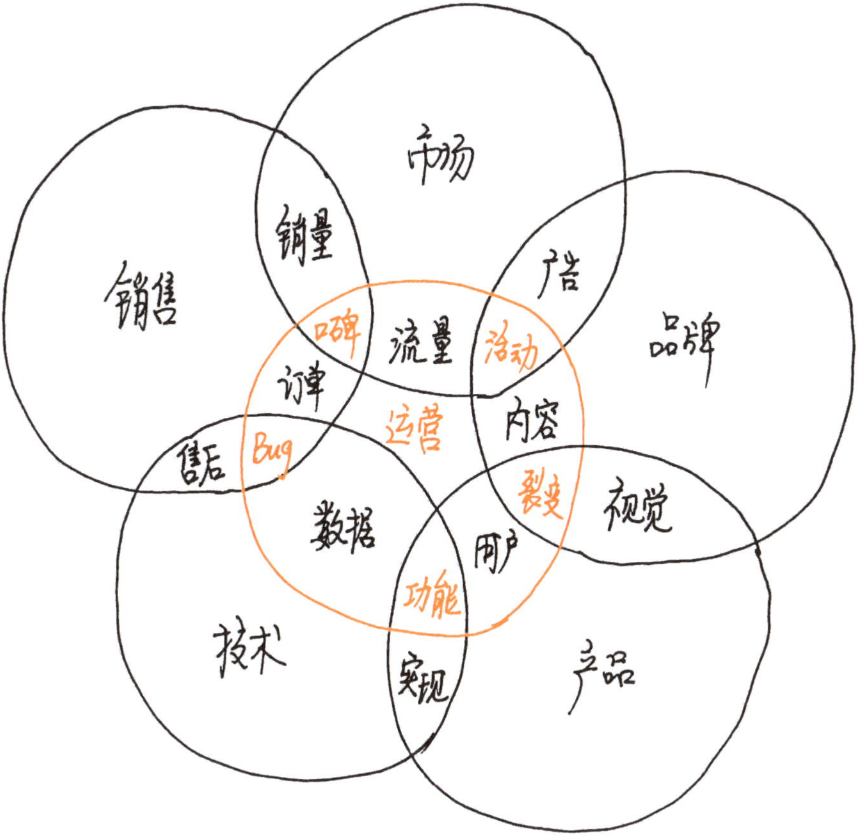
市场
销量
销售
广告
品牌
口碑
流量
活动
订单
运营
内容
售后
Bug
裂变
视觉
数据
用户
功能
技术
实现
产品

运营策略罗盘——运营策略指北

手稿阅读提示：

- 用户画像和行为研究，是策略起点。
- 用户策略远不止图中所示。
- 用户行为和变现策略在前，用户策略和增长策略靠后。

运营策略罗盘——运营策略指北

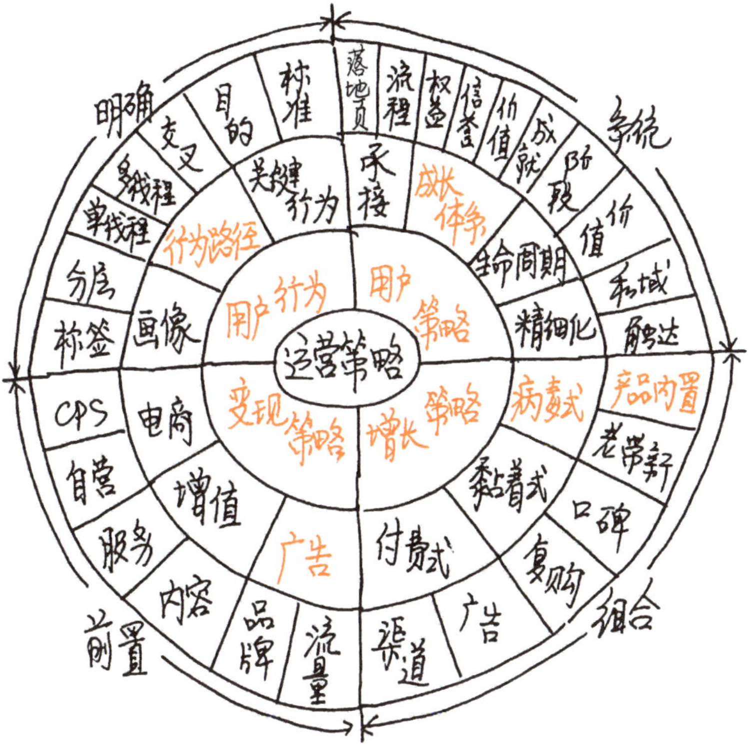
运营策略
用户行为
用户策略
变现策略
增长策略
行为路径
关键行为
承接
成长体系
生命周期
精细化
病毒式
黏着式
付费式
广告
增值
电商
画像
标准
目的
交叉
多线程
单线程
分层
标签
CPS
自营
服务
内容
品牌
流量
渠道
广告
复购
口碑
老带新
产品内置
触达
私域
价值
阶段
成就
价值
信誉
权益
流程
落地页
明确
系统
组合
前置

守正出奇——运营新思路

手稿阅读提示：

- 反，是指相反，是否定的意思。比如都在讲"种草"，你可以走"拔草"的运营思路。

- 情，是指情感，是指当人们都在讲SOP、KPI要把事情标准化的时候，你可以考虑个体的需求，走"非标"的路线，走"情感"的运营思路。

- 其他的也是"守正出奇"的意思。按正常思路走的人多了，可以考虑另外的方向。

守正出奇——运营新思路

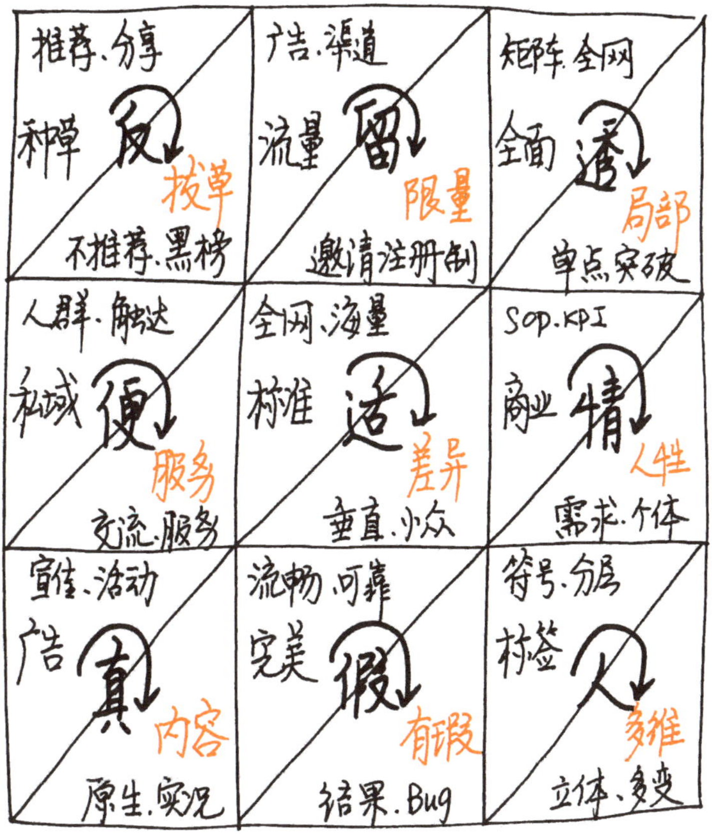
推荐、分享
种草
反
拔草
不推荐、黑榜
广告、渠道
流量
留
限量
邀请注册制
矩阵、全网
全面
透
局部
单点突破
人群、触达
私域
便
服务
交流、服务
全网、海量
标准
适
差异
垂直、小众
SOP、KPI
商业
情
人性
需求、个体
宣传、活动
广告
真
内容
原生、实况
流畅、可靠
完美
假
有瑕
结果、Bug
符号、分层
标签
人
多维
立体、多变

运营边界——运营与产品运营是什么关系

手稿阅读提示：

- 产品和运营是一组相对的概念。
- 若运营和产品运营同时存在，则二者是从属关系。
- 若运营和产品运营只存在其一，则二者相等。

运营边界——运营与产品运营是什么关系

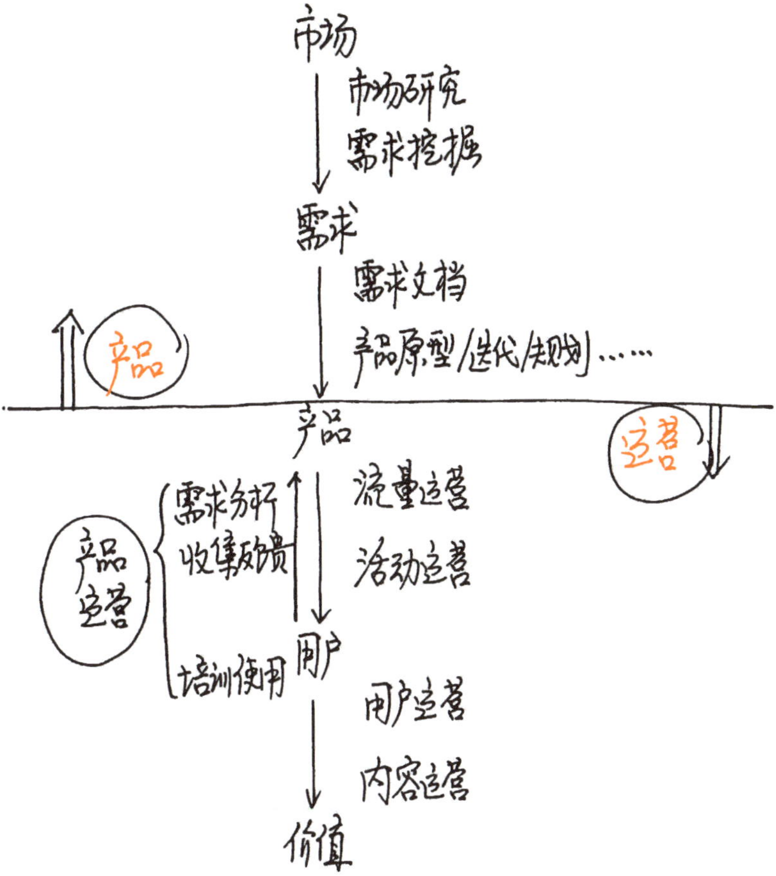
市场
市场研究
需求挖掘
需求
需求文档
产品原型/迭代/规划……
产品
产品
运营
需求分析
收集反馈
培训使用
产品运营
流量运营
活动运营
用户
用户运营
内容运营
价值

商业化运营罗盘——商业化运营指北

手稿阅读提示：

- 在产品商业化运营的过程中，要注意保障用户的产品体验，这也是商业化运营的关键点之一。
- 主流的商业化变现，主要有四个路径，分别是电商、广告、增值服务、游戏。

商业化运营罗盘——商业化运营指北

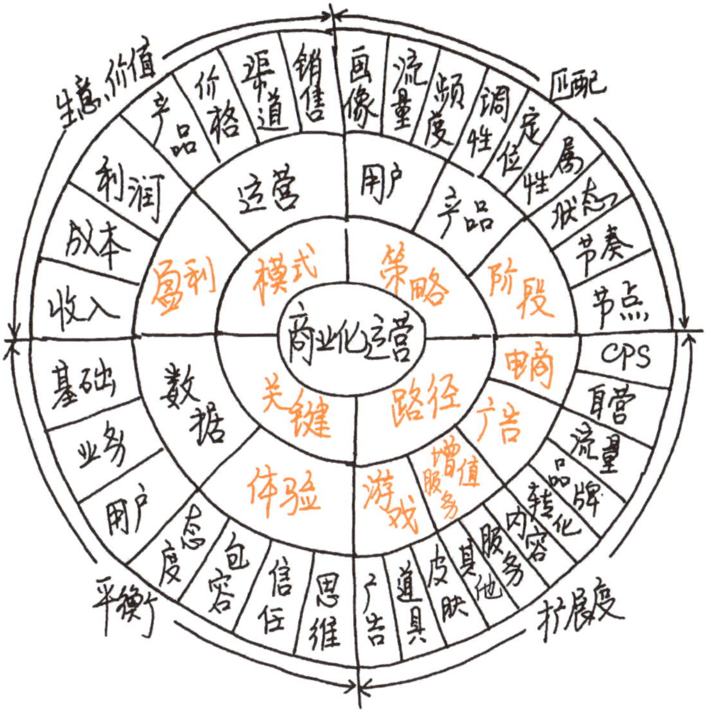
商业化运营
模式
策略
路径
关键
运营
用户
产品
阶段
电商
广告
增值服务
游戏
体验
数据
盈利
销售
渠道
价格
产品
利润
成本
收入
基础
业务
用户
态度
包容
信任
思维
画像
流量
频度
调性
定位
属性
状态
节奏
节点
CPS
自营
流量
品牌
转化
内容
服务
其他
皮肤
道具
广告
生态价值
匹配
扩展度
平衡

运营部架构——运营部门该怎么设置

手稿阅读提示：

- 流量运营，有一半的概率是属于市场部的工作范畴。
- 小公司不要单独设置增长部门。
- 所见层级按重要性排序，但不是有无关系。

运营部架构——运营部门该怎么设置

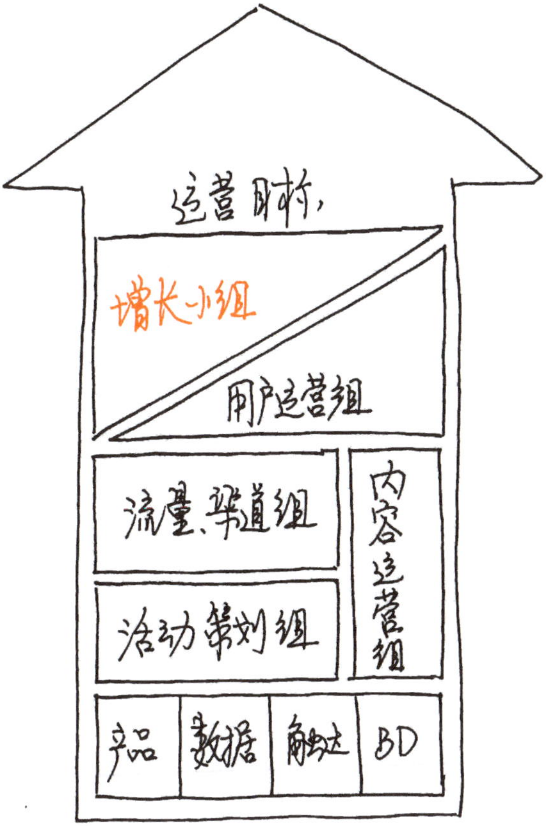
运营目标
增长小组
用户运营组
流量、渠道组
活动策划组
内容运营组
产品
数据
触达
BD

成长阶梯——运营人的必经之路

手稿阅读提示：

- T型人才，是运营人的画像。
- 运营总监，代表了运营专业能力的最高级别，也是职业之路的首个分岔点。
- 图中年限、薪资均为"北上广深"的要求，仅供参考。

成长阶梯——运营人的必经之路

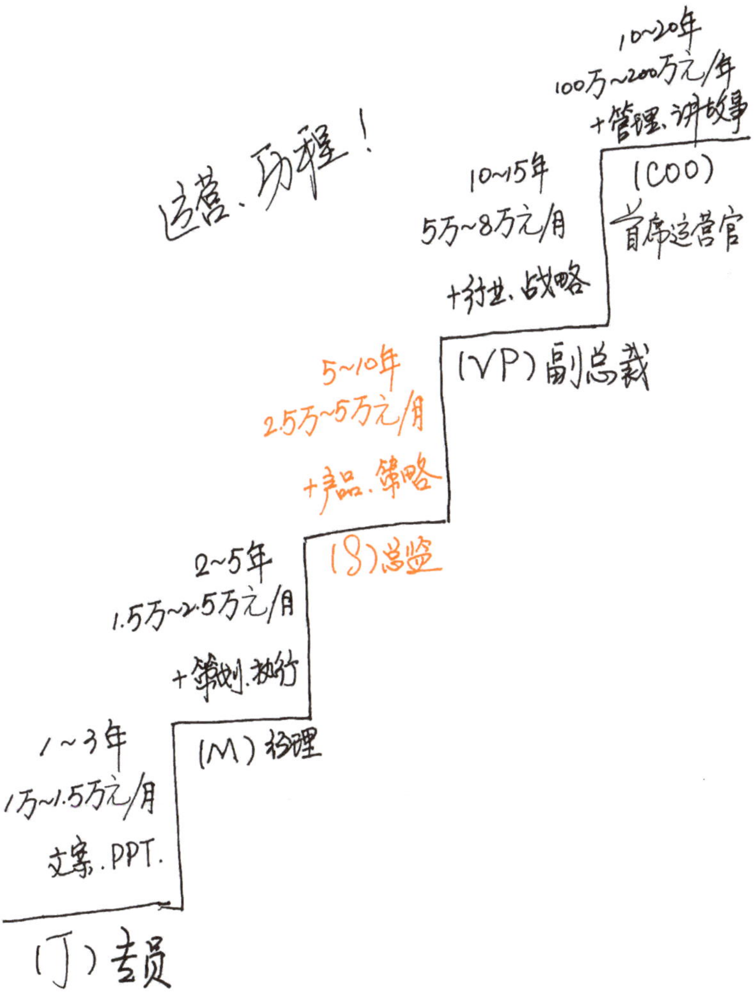
运营、历程！
10~20年
100万~200万元/年
+管理、讲故事
(COO)
首席运营官
10~15年
5万~8万元/月
+行业、战略
(VP)副总裁
5~10年
2.5万~5万元/月
+产品、策略
(S)总监
2~5年
1.5万~2.5万元/月
+策划、执行
(M)经理
1~3年
1万~1.5万元/月
文案、PPT.
(J)专员

顶级运营——COO需要干什么

手稿阅读提示：

- 10个运营总监加在一起，也并不能得到一个COO。
- 图中的圆圈越大，越需COO付出更多精力。
- 组织、战略、现金流、数据、市场、需求、人员需COO重点关注。

顶级运营——COO需要干什么

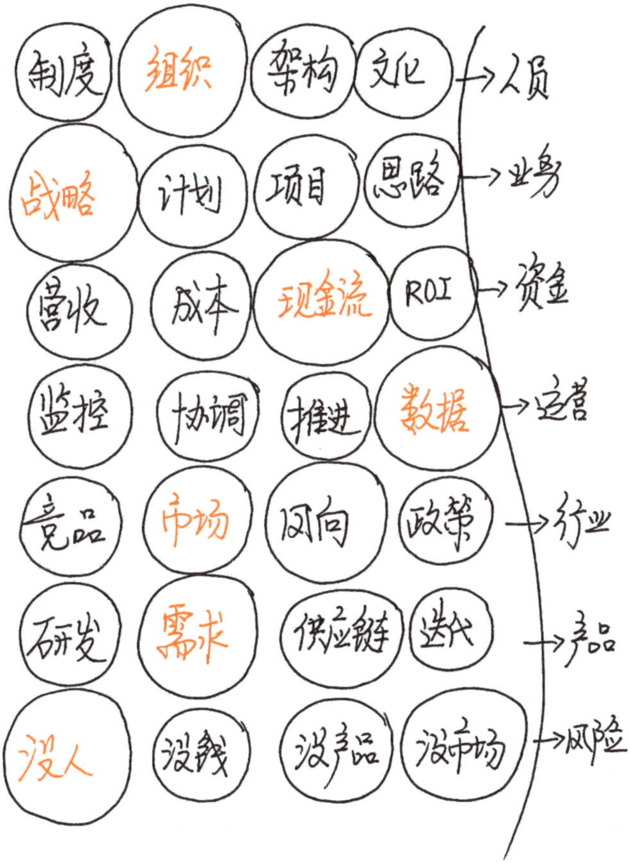
制度
组织
架构
文化
人员
战略
计划
项目
思路
业务
营收
成本
现金流
ROI
资金
监控
协调
推进
数据
运营
竞品
市场
风向
政策
行业
研发
需求
供应链
迭代
产品
没人
没钱
没产品
没市场
风险

运营高管——运营总监需要干什么

手稿阅读提示：

1. 大多数总监可以做到5条，能把8条全部做到，并且做得很好的少之又少。
2. 行业动态和市场情况通常是运营总监容易忽略的。
3. 针对每一条的具体解释仅为举例，如市场情况，可能除了对手的情况，还有诸多因素需要了解。

运营高管——运营总监需要干什么

1. 行业动态｜政策、消息对业务有什么影响？怎么应对？
2. 市场情况｜对手是谁？怎么和他打？
3. 公司战略｜什么是重点？要搞什么？怎么搞？
4. 业务目标｜重点、难点、关键点是什么？怎么突破？
5. 运营策略｜思路和打法是什么？为什么这么干？
6. 节点把控｜分拆落地的控制节点是什么？有无备案？
7. 团队管理｜个人状态和成长性如何？氛围怎么样？
8. 个人发展｜有什么机会？需要什么能力？怎么补足？

总监考试题——互联网运营的认知

手稿阅读提示：

- 运营要把相关概念的内涵和外延搞清楚，运营总监应该更清楚。
- 新媒体运营有独立于运营之外的苗头，但就目前来说，仍属内容运营的范畴。
- 互联网运营虽然不古老，但也是一个有传承的行业，不是胡编乱造的。

总监考试题——互联网运营的认知

文案 ∈ 内容运营（创意）> 新媒体运营

促销 ∈ 活动运营（玩法）< 市场运营

客服 ≠ 用户运营（体系）> 社群运营

渠道 ∈ 流量运营（ROI）< 增长

产品 ≠ 产品运营（链接）≤ 互联网运营 ≤ 行业运营

B端运营罗盘——B端运营指北

手稿阅读提示：

- 始于线索又终于线索，是个闭环。
- 项目的部分，是B端运营比较重要的部分，考验的是运营内功。
- 能不能做大做强，取决于存量对增量的拉动，也就是推荐。

B端运营罗盘——B端运营指北

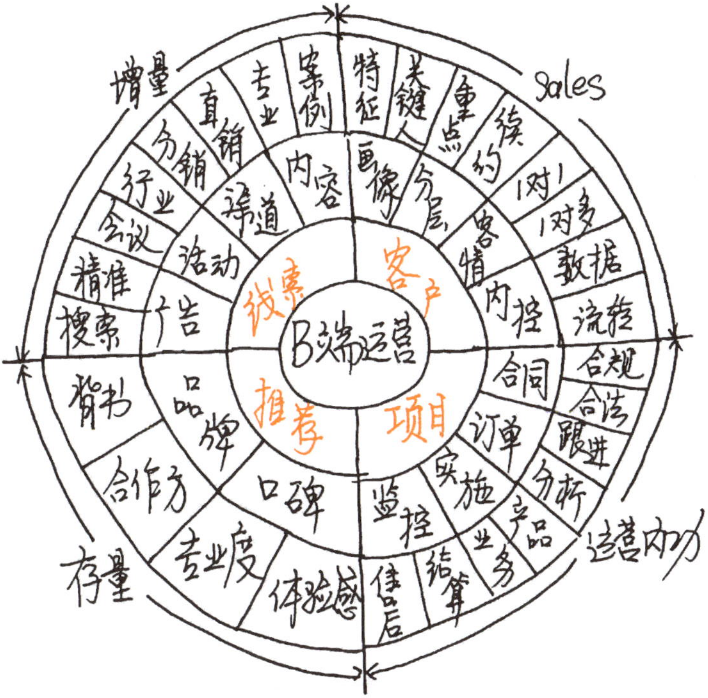
增量
sales
运营内功
存量
B端运营
线索
客户
项目
推荐
内容
画像
分层
客情
内控
合同
订单
实施
监控
口碑
品牌
广告
活动
渠道
案例
特征
关键人
重点
签约
1对1
1对多
数据
流程
合规
合法
跟进
分析
产品
业务
结算
售后
体验感
专业度
合作方
背书
搜索
精准
会议
行业
分销
直销
专业

C端运营罗盘——C端运营指北

手稿阅读提示：

- 始于获客又终于获客，是个闭环。
- 留活，更多的是指活跃。留是基础，活才是要义。
- 图中未给出所有的招式和策略，给出的是主要内容。

C端运营罗盘——C端运营指北

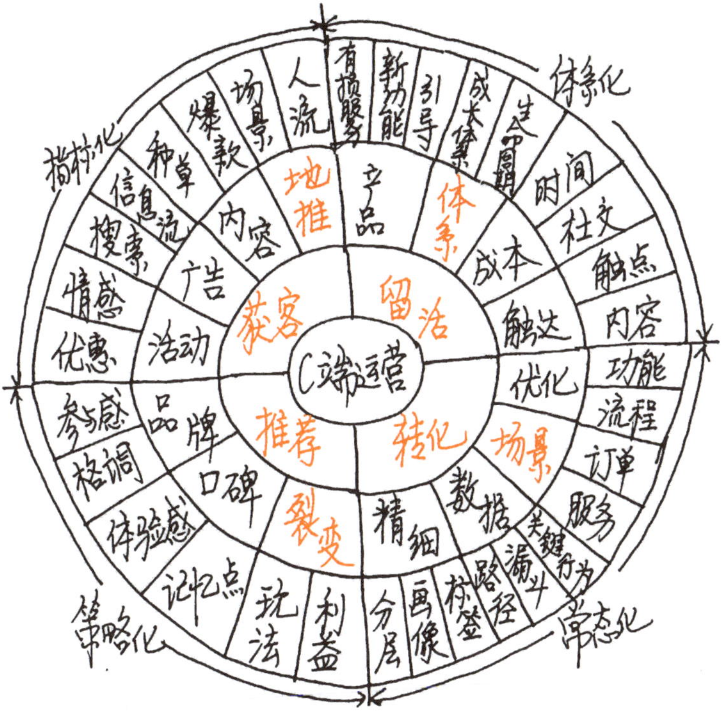
C端运营
获客
留活
推荐
转化
地推
产品
体系
成本
触达
优化
场景
数据
精细
裂变
口碑
品牌
活动
广告
内容
人流
有损服务
新功能
引导
成长体系
生命周期
时间
社交
触点
内容
功能
流程
订单
服务
关键行为
漏斗
路径
标签
画像
分层
利益
玩法
记忆点
体验感
格调
参与感
优惠
情感
搜索
信息流
种草
爆款
场景
体系化
常态化
策略化
指标化

运营重点——B端、C端、G端有何不同

手稿阅读提示：

- B端是指企业端，产品和服务是面向企业的。
- C端是指消费者端，产品和服务是面向个人的。
- G端是指政府、事业单位端，产品和服务是面向政府的。

运营重点——B端、C端、G端有何不同

	C端	B端	G端
1. 营销	务虚	务实	严谨
2. 获客	线上	线下	关系
3. 产品	标准	定制	模索
4. 场景	简单	复杂	折中
5. 重点	用户	产品	政绩
6. 用户	易来易走	难来难走	稳如泰山
7. 决策	快	慢	极慢
8. 促销	解药	毒药	不是药
9. 底层	人性	效益	体制

key Point —— 那些重要的节点数据

手稿阅读提示：

- 搞清楚你的核心用户都在做什么，也就是你期望他们做的。
- 总结用户行为、追踪用户路径、分析数据趋势。
- 收集并判断关键行为，找到关键行为与指标的关系。
- 优化测试，去找到它(key Point)。

key Point —— 那些重要的节点数据

运营里的 key Point

Facebook	10天7个好友
Twitter	30天30个好友
LinkedIn	7天5个联系人
你的？	？

↓

A.频度
B.密度
C.数量
D.增幅

过五关斩六将——运营里的重要节点

手稿阅读提示：

- 本图是指运营从0~1，从1~N的过程中需要解决的问题。比如先是真假需求的验证，然后是解决方案是否可行，其次是用户留存，再次是能否实现良性增长，最后是商业模式确立后是否能实现可持续的增长。

过五关斩六将——运营里的重要节点

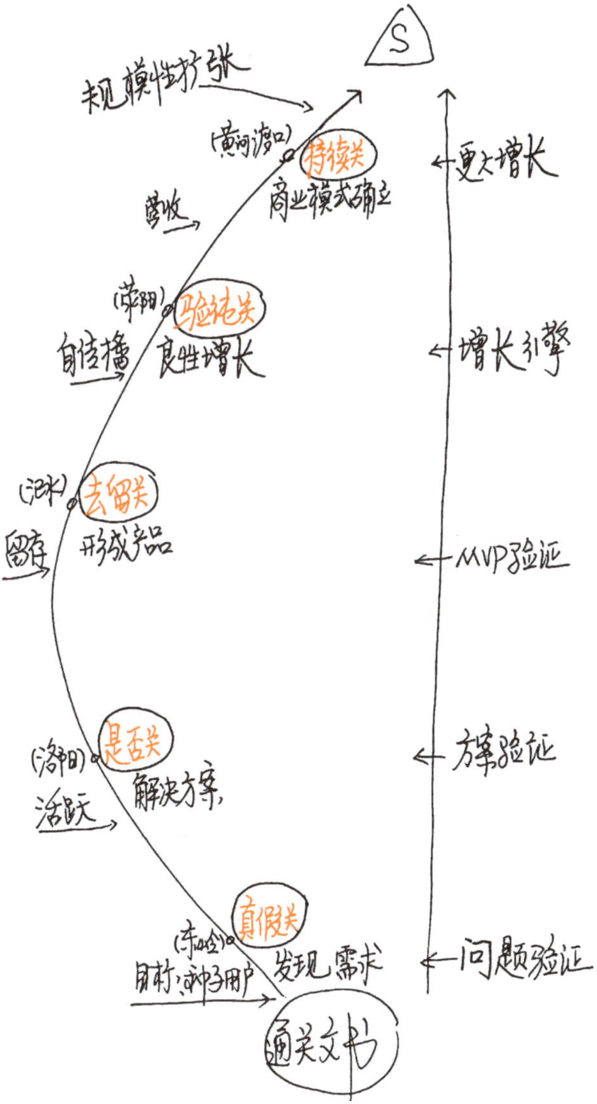
S
规模性扩张
(黄河渡口)
持续关
商业模式确立
营收
(荥阳)
验证关
自传播
良性增长
(汜水)
去留关
留存
形成产品
(洛阳)
是否关
活跃
解决方案
(东岭关)
真假关
目标：种子用户
发现需求
通关文书
更大增长
增长引擎
MVP验证
方案验证
问题验证

运营计划——运营总监的基本功

手稿阅读提示：

① 在一家"狼性文化"的公司里，要注意圈定资源的重要性。

② 大多数人会遗漏最后一条。

③ 目标要明确，安排要具体，费用要明细。

运营计划 —— 运营总监的基本功

1. 总结回顾。上年/季/月啥情况？如何改进？

2. 确定目标。总目标？定量和定性的标准？

3. 制定策略。各模块如何形成合力？打法是什么？

4. 规划路径。计划分为几步走？重点是什么？

5. 圈定资源。需哪些部门配合？各自角色、分工、要求？

6. 执行安排。事项拆分、时间节点、人员安排？

7. 预算申请。需要多少费用？具体安排？

8. 风险预案。风险点有哪些？如何预防？备案？

运营方案——如何写出一份好方案

手稿阅读提示：

◎ 运营的思路、方法是能够用在日常生活之中的。拿约会、吃饭等来说，都是可以适用的。运营做久了，你甚至可以反过来，也就是从日常生活中汲取思路，用在运营工作里。

运营方案——如何写出一份好方案

1. 背景（≤3条） → 刚认识，3个月
2. 目的（≤2条） → 加深情感
3. 目标（≤1条） → 达成拥抱
4. 策略（方法，措施） → 去鬼屋→偷逃→拥抱
5. 资源（人力，广告……） → 商家，门票，时机把握
6. 排期（人，事，时间） → 3.15，you and me
7. 预算（￥？） → 门票160，车票40
8. 风险预案 → （分手，悔过书）

运营方案 ⟷ 约会方案

相通

产品卖点——卖点提炼的四重境界

手稿阅读提示：

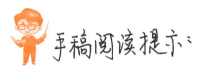

1. 提炼卖点的第一重境界，就是描述产品本身，比如价格如何、质量如何、服务怎样。
2. 第二重境界，是提升产品价值，而不仅仅停留在描述"是什么"的阶段。
3. 第三重境界，是能够冲击、重塑用户对产品的认知。
4. 顶层境界，是能通过情感使产品与用户发生关系，产生联动效应。

产品卖点——卖点提炼的四重境界

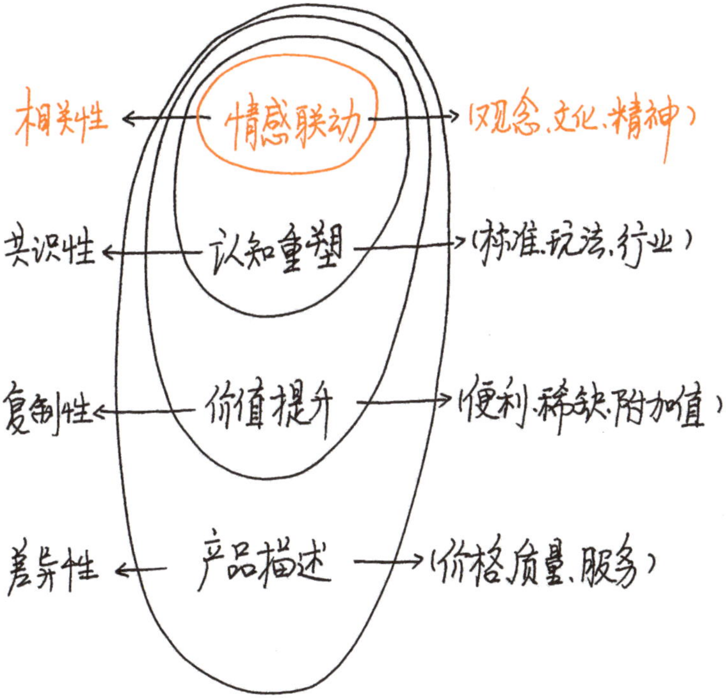
相关性
情感联动
(观念、文化、精神)
共识性
认知重塑
(标准、玩法、行业)
复制性
价值提升
(便利、稀缺、附加值)
差异性
产品描述
(价格、质量、服务)

运营提升——怎么找你所需的资料

手稿阅读提示：

- 最好的渠道，就是有个"牛人"在身边，向他学习，快速成长。
- 在找资料的过程中，如果付费能解决你的效率问题，就不要犹豫。
- 养成一个收藏的好习惯，多在各内容渠道溜达，看见可能有用的就收集起来，并时常归纳整理，建资料库，你会受益匪浅。

运营提升——怎么找你所需的资料

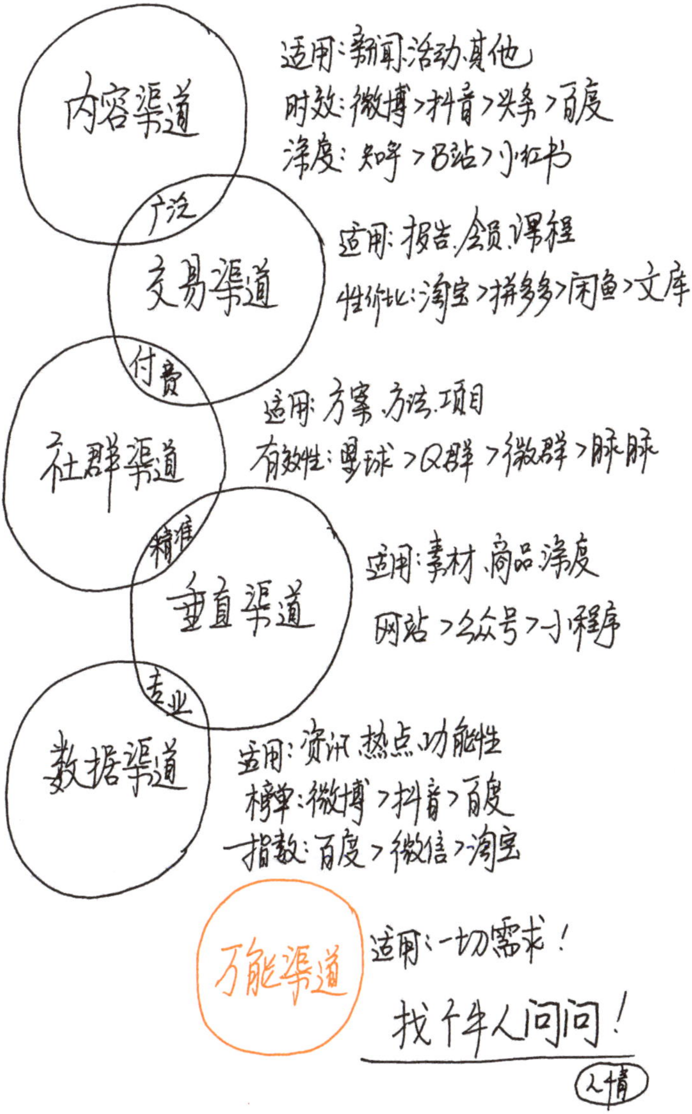
内容渠道
适用：新闻、活动、其他
时效：微博>抖音>头条>百度
深度：知乎>B站>小红书
广泛
交易渠道
适用：报告、会员、课程
性价比：淘宝>拼多多>闲鱼>文库
付费
社群渠道
适用：方案、方法、项目
有效性：雪球>Q群>微群>脉脉
精准
垂直渠道
适用：素材、商品深度
网站>公众号>小程序
专业
数据渠道
适用：资讯、热点、功能性
榜单：微博>抖音>百度
指数：百度>微信>淘宝
万能渠道
适用：一切需求！
找个牛人问问！
人情

商业模式画布——掌控你的企业脉络

手稿阅读提示：

① 显而易见，商业模式不仅包括收入，还有用户、产品、渠道等其他方面。

② 它适合用于新业务的规划、设计或对业务进行梳理，是商业模式可视化的好工具。

③ 不仅可用于企业，还可以用于个人，来打造自己的商业模式。

商业模式画布——掌控你的企业脉络

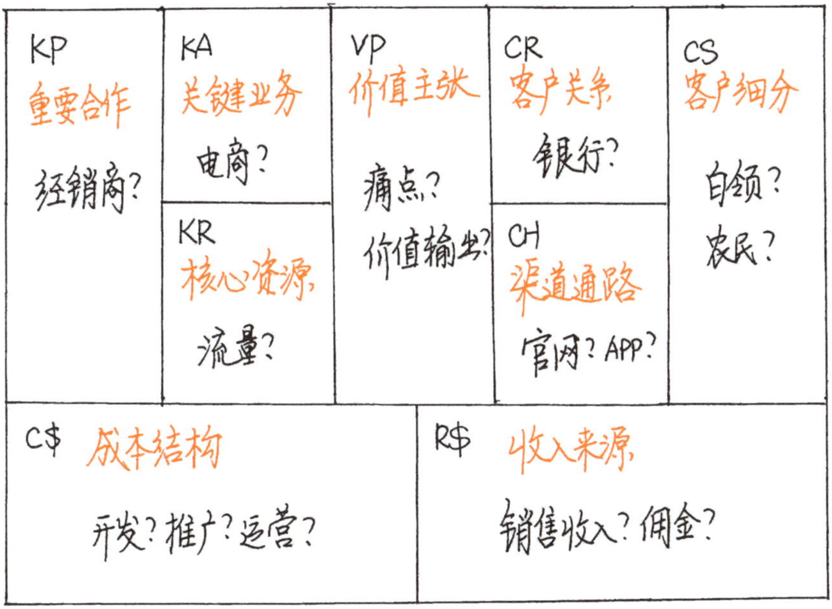
KP
重要合作
经销商？
KA
关键业务
电商？
KR
核心资源
流量？
VP
价值主张
痛点？
价值输出？
CR
客户关系
银行？
CH
渠道通路
官网？APP？
CS
客户细分
白领？
农民？
C$ 成本结构
开发？推广？运营？
R$ 收入来源
销售收入？佣金？

商业计划书——一张纸价值千万

手稿阅读提示：

① 商业计划书不仅仅是提供给投资人的，更是给自己的。他说明的是你是否对这件事想得足够清楚。

② 运营人围绕某个目标而做的一系列举措，都可以用商业计划书的逻辑想一遍。

③ 运营人需要理解商业计划书的另一个原因是，你理解之后，能给予运营人员提供导向作用。

商业计划书——一张纸价值千万

商业计划书

1. 公司宗旨 ——> 使命，是啥公司？
2. 痛点需求 ——> 用户是谁？解决啥问题？
3. 解决方案 ——> 提供啥服务？有啥价值？
4. 市场时机 ——> 为啥是现在做？
5. 市场潜力 ——> 市场规模多大？天花板多高？
6. 竞争情况 ——> 对手是谁？能否打得过？
7. 商业模式 ——> 盈利模式？咋赚钱？
8. 核心团队 ——> 你们是谁？啥背景？
9. 财务计划 ——> 要多少钱？估值多少？钱咋花？
10. 企业愿景 ——> 三五年后，有多大价值？

商业模式——无外乎就这几种

手稿阅读提示：

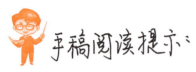

- 这6种商业模式几乎涵盖了目前主流的商业模式。
- 无论是哪一种模式，获客、销售、营收、产品价值和用户送达都是重中之重。
- 很多时候，6种商业模式会被混合使用，使用单一模式的有，但是很少。

商业模式——无外乎就这几种

6种商业模式分析

啥模式？	咋盈利？	难点？	谁？
1. 电子商务	价格差异	传统→订阅	沃尔玛
2. 工具SAAS	服务年费、次费	增值、分级定价	阿里云
3. 应用APP	广告、应用内购买	变现方式	王者荣耀
4. 媒体网站	广告、赞助、提成	内容与收入平衡	36Ky
5. UGC平台	广告、赞助	内容生产、用户参与	抖音
6. 双边交易	佣金、服务费	信任、重点一方	淘宝

获客、销售、营收、产品价值、用户送达 key

第 3 章 用户运营

极端一点来说，运营就是用户运营。

用户运营罗盘——用户运营指北

手稿阅读提示：

- 用户研究是用户运营的起点，运营人员至少要参与其中，想主导有点难。
- 两条线要关注：明线是用户成长体系，暗线是用户生命周期。
- 要在运营范围之内，重点研究私域和社群的玩法。

用户运营罗盘 —用户运营指北

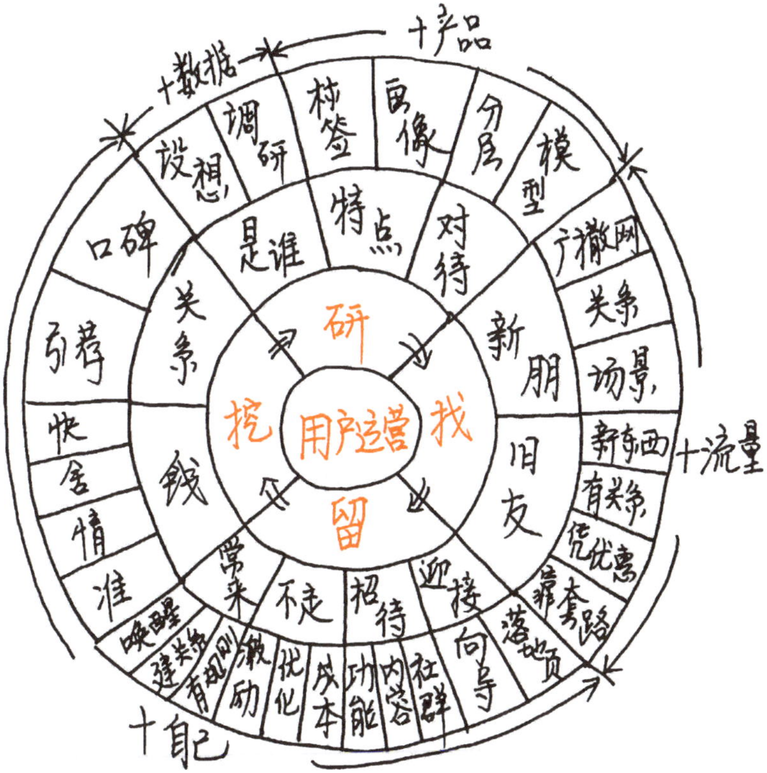
用户运营
研
找
留
挖
是谁
特点
对待
新朋
旧友
迎接
招待
不走
常来
钱
关系
设想
调研
标签
画像
分层
模型
广撒网
关系
场景
新东西
有关系
凭优惠
靠套路
落地页
向导
社群
内容
功能
成本
优化
激励
有规则
建关系
唤醒
准
情
舍
快
引荐
口碑
+数据
+产品
+流量
+自己

机器人——戏说用户运营

手稿阅读提示：

1. 用户研究、画像就像机器人的眼睛，能见到、识别用户。
2. 竞调和访谈(用户)就像耳朵，需要听到外面的声音。
3. 触达和分层就像手，是最常用、最好用的工具。
4. 想要走得远，裂变和私域就像脚，是必备的。

机器人——戏说用户运营

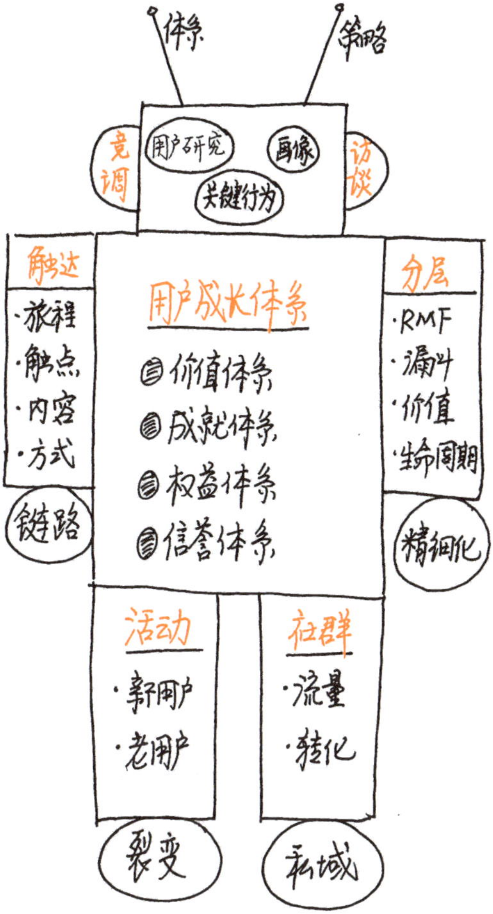
体系
策略
竞调
用户研究
画像
关键行为
访谈
触达
·旅程
·触点
·内容
·方式
链路
用户成长体系
价值体系
成就体系
权益体系
信誉体系
分层
·RMF
·漏斗
·价值
·生命周期
精细化
活动
·新用户
·老用户
社群
·流量
·转化
裂变
私域

逻辑底层——用户运营就是"请客吃饭"

手稿阅读提示：

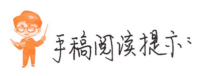

- 用户运营就是和人打交道，可以是请客吃饭，也可以是聚会游玩，都能用用户运营的逻辑来解释。
- 虽然可以解释，但严谨性略差，诸位着重品读逻辑就好。
- 横线下方诸如"标签、策略、画像"，是对右侧"用户研究"的举例，下同。

逻辑底层——用户运营就是“请客吃饭”

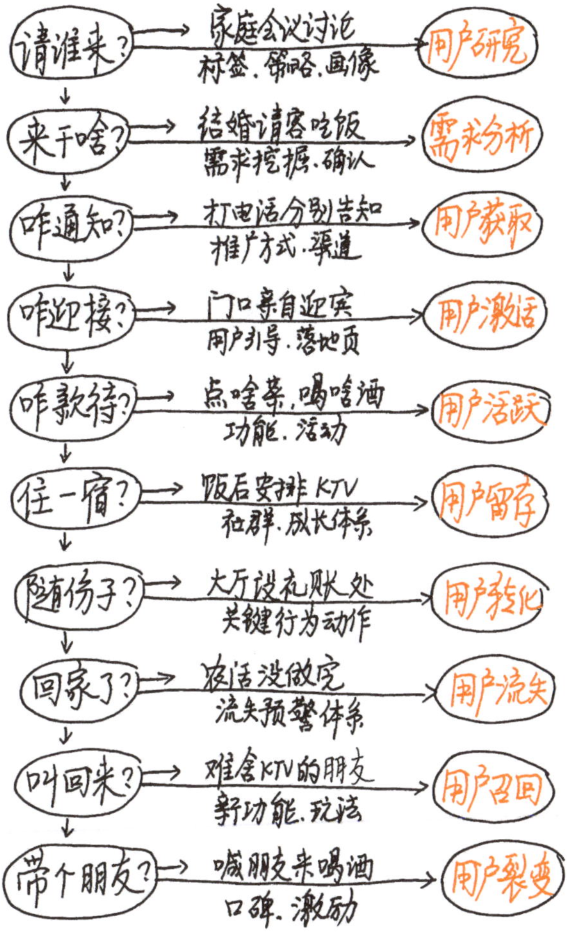
请谁来?
家庭会议讨论
标签、策略、画像
用户研究
来干啥?
结婚请客吃饭
需求挖掘、确认
需求分析
咋通知?
打电话分别告知
推广方式、渠道
用户获取
咋迎接?
门口亲自迎宾
用户引导、落地页
用户激活
咋款待?
点啥菜，喝啥酒
功能、活动
用户活跃
住一宿?
饭后安排KTV
社群、成长体系
用户留存
随份子?
大厅设礼账处
关键行为动作
用户转化
回家了?
农活没做完
流失预警体系
用户流失
叫回来?
难舍KTV的朋友
新功能、玩法
用户召回
带个朋友?
喊朋友来喝酒
口碑、激励
用户裂变

用户生命周期——不同阶段有不同玩法

手稿阅读提示：

- 这张图要说明的是重点方向在哪，而非细节。
- 在关注用户生命周期的同时，关注产品生命周期。
- 不同阶段重点不同，但并非只有重点。

用户生命周期——不同阶段有不同玩法

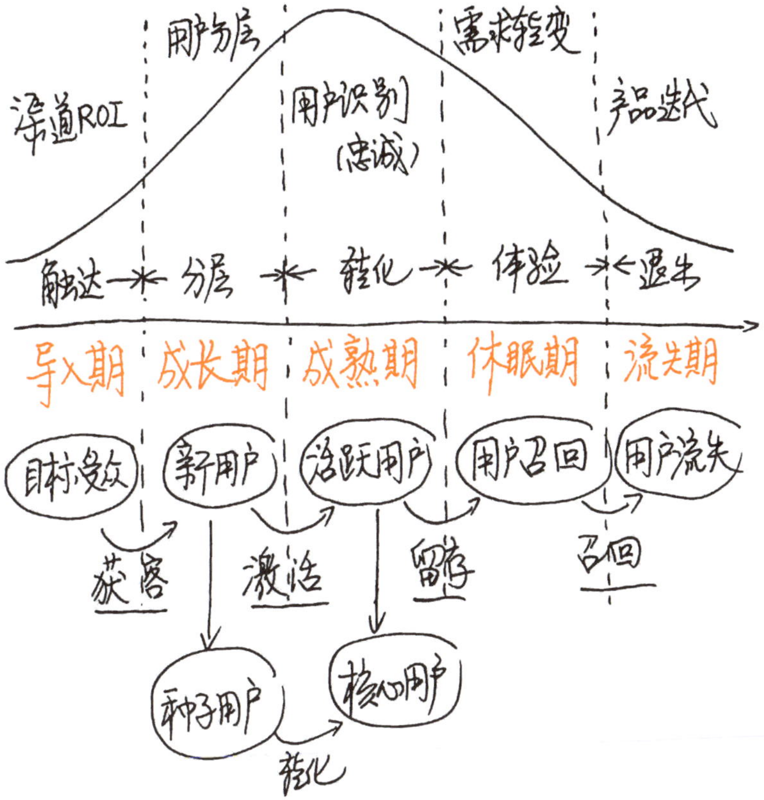
用户分层
需求转变
渠道ROI
用户识别
(忠诚)
产品迭代
触达
分层
转化
体验
退出
导入期
成长期
成熟期
休眠期
流失期
目标受众
新用户
活跃用户
用户召回
用户流失
获客
激活
留存
召回
种子用户
核心用户
转化

用户研究罗盘——用户研究指北

手稿阅读提示：

- 用户研究在成熟的公司里，通常是一个大部门。
- 最起码，你要经常做点用户调查吧。
- 如果不知道研究什么，就多问问产品运营都在做什么。

用户研究罗盘——用户研究指北

用户研究
目的
方法
注意
内容
定量
定性
身份
行为
感受
样本
协作
数据
需求
优化
运营
品牌
问卷
A/B测试
数据
深访
座谈
实地
日志
自然
社会
关系
网络
现实
体验
期望
心理
数量
分布
沟通
落地
挖掘
参考
发掘
验证
功能
UI/UE
常规
专项
构成
推广
结合性
明确性
指导性
关联性

双面漏斗——以用户为核心的转化漏斗

手稿阅读提示：

- 你获得了用户，看似终点，实则另一个起点。
- 漏斗两端，要形成一个循环，最好是病毒循环。
- 这个漏斗是从用户（人）的角度形成的。

双面漏斗——以用户为核心的转化漏斗

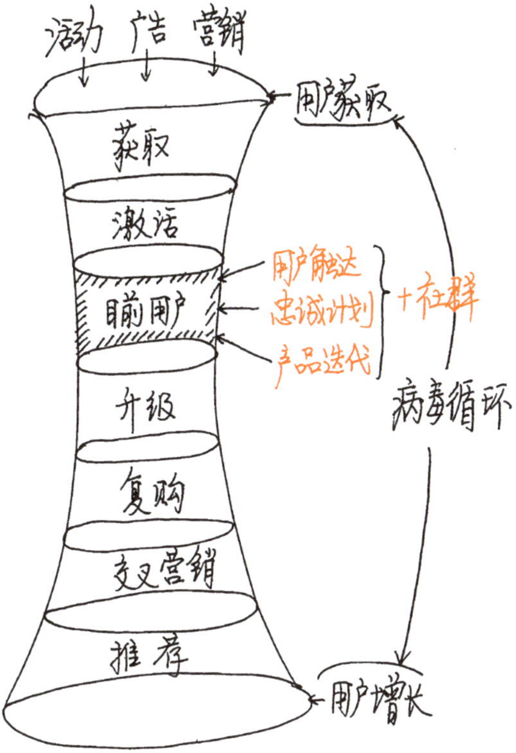
活动
广告
营销
用户获取
获取
激活
用户触达
忠诚计划
产品迭代
+社群
睡前用户
升级
病毒循环
复购
交叉营销
推荐
用户增长

以人为核心的转化漏斗

用户成长体系——用户会慢慢长大

手稿阅读提示：

- 注意用户的价值量化，包括本身价值、行为价值等。
- 在体系里要注意给用户预设目标的可达性。
- 成长体系里的成本是终将测算到用户头上的，要可算、可衡量。

用户成长体系——用户会慢慢长大

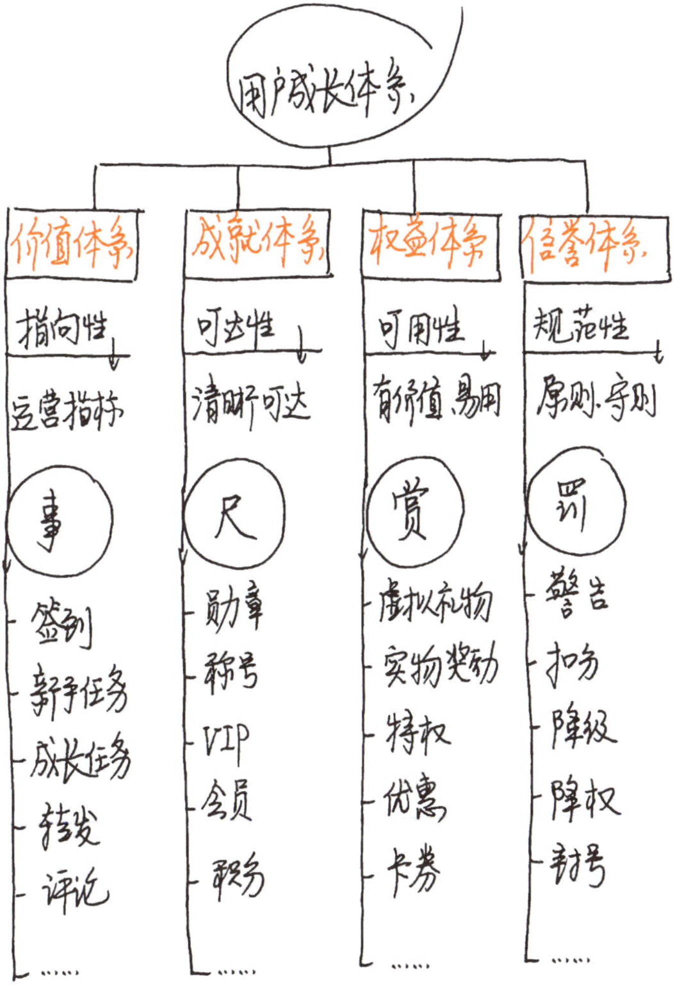
用户成长体系
价值体系
指向性
运营指标
事
签到
新手任务
成长任务
转发
评论
……
成就体系
可达性
清晰可达
尺
勋章
称号
VIP
会员
积分
……
权益体系
可用性
有价值、易用
赏
虚拟礼物
实物奖励
特权
优惠
卡券
……
信誉体系
规范性
原则、守则
罚
警告
扣分
降级
降权
封号
……

用户画像——两种重要的画像方法

手稿阅读提示：

- 作为一名运营人员，可以不会画像，但不可以不明白用户画像是咋回事。
- 要注意两种方法所应用的不同阶段。
- 用户画像对于运营的影响是决定性的。

用户画像——两种重要的画像方法

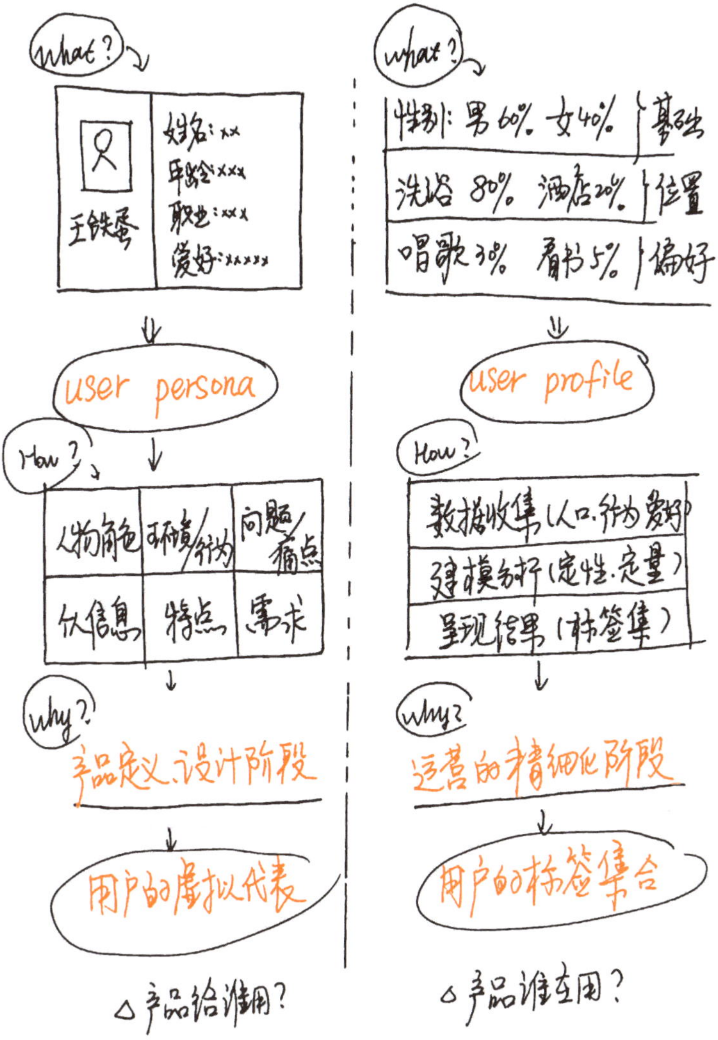
what?
王铁蛋
姓名：xx
年龄：xxx
职业：xxx
爱好：xxxxx
user persona
How?
人物角色
环境/行为
问题/痛点
个人信息
特点
需求
why?
产品定义、设计阶段
用户的虚拟代表
△产品给谁用？
what?
性别：男60% 女40%
基础
洗浴 80% 酒店20%
位置
唱歌 3% 看书 5%
偏好
user profile
How?
数据收集（人口、行为、爱好）
建模分析（定性、定量）
呈现结果（标签集）
why?
运营的精细化阶段
用户的标签集合
○产品谁在用？

找女朋友——用户的痛点、痒点、爽点、怒点

手稿阅读提示：

- 痛点和痒点的前提是"暂未达到"，是在意念层。
- 爽点和怒点的前提是"已达"，是实际存在带来的主观感受。
- 别让用户达到怒点，一旦达到，大概率会带来负面影响。

找女朋友——用户的痛点、痒点、爽点、怒点

找女朋友→产品运营

没有女朋友（恐惧）→痛点→产品切入点

希望女朋友漂亮（期望）→痒点→提升粘性点

已有女朋友（得到）→爽点→核心功能点

女朋友移情别恋（漏洞）→怒点→紧急修复点

消费决策环——用户是怎么做决策的

手稿阅读提示：

① 左侧是用户的显性购买决策流程；右侧是从消费心理的角度进行的理性分析。二者是存在对应关系的。

② 左侧图内，购买节点上，用户可能产生复购，会发生多次购买，而当用户变得忠诚之后，决策的成本会急剧下降。

消费决策环——用户是怎么做决策的

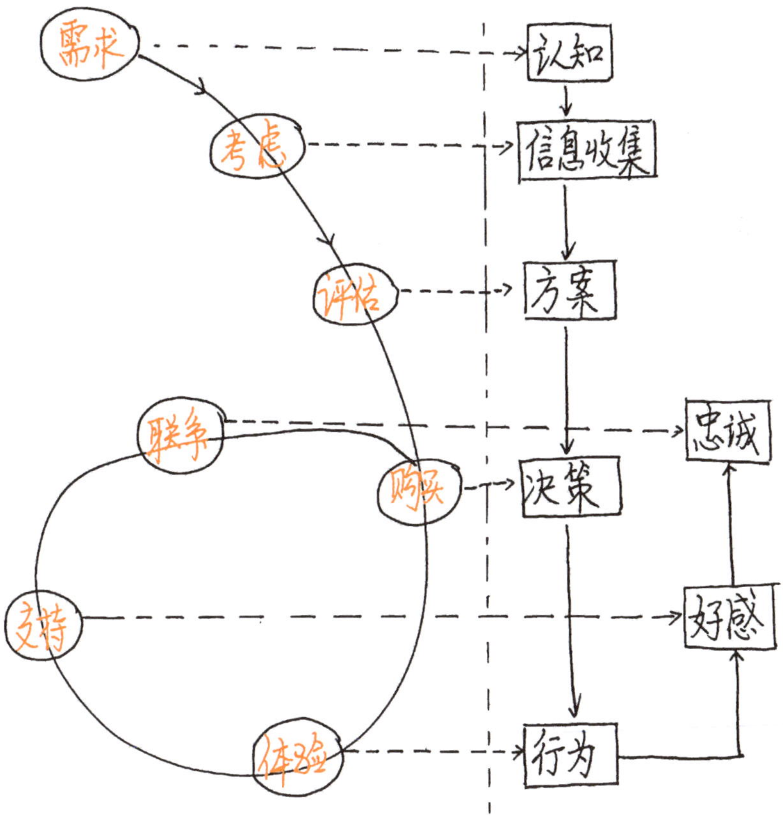
需求
考虑
评估
联系
购买
支持
体验
认知
信息收集
方案
决策
行为
忠诚
好感

KANO模型——用户需求有多少种

手稿阅读提示：

- KANO模型是对用户需求分类和优先级排序的工具，体现了产品性能和用户满意度间的非线性关系。
- KANO模型是产品经理的必修课，是运营人员的选修课。
- 需要注意的是，需求因人而异，同时也会随时间变化。

KANO模型——用户需求有多少种

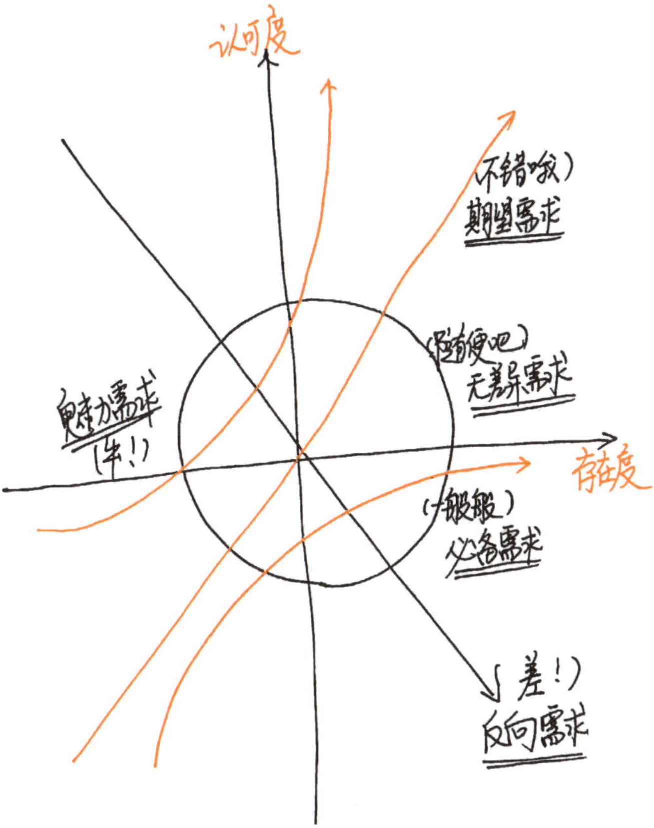
认可度
存在度
(不错哦)
期望需求
(随便吧)
无差异需求
魅力需求
(牛!)
(一般般)
必备需求
(差!)
反向需求

需求验证——你的需求可能不是真需求

手稿阅读提示：

① 用户需求不等于用户需要，二者的区别在于，需求是支付得起的，需要更广泛，不一定能支付得起。

② 需求挖掘是有目标指向的，而需求寻找是漫无目的的。

③ 即使和用户确认了需求，也不代表你的产品就能满足用户的需求，二者之间仍有一道“匹配+场景”的鸿沟。

需求验证——你的需求可能不是真需求

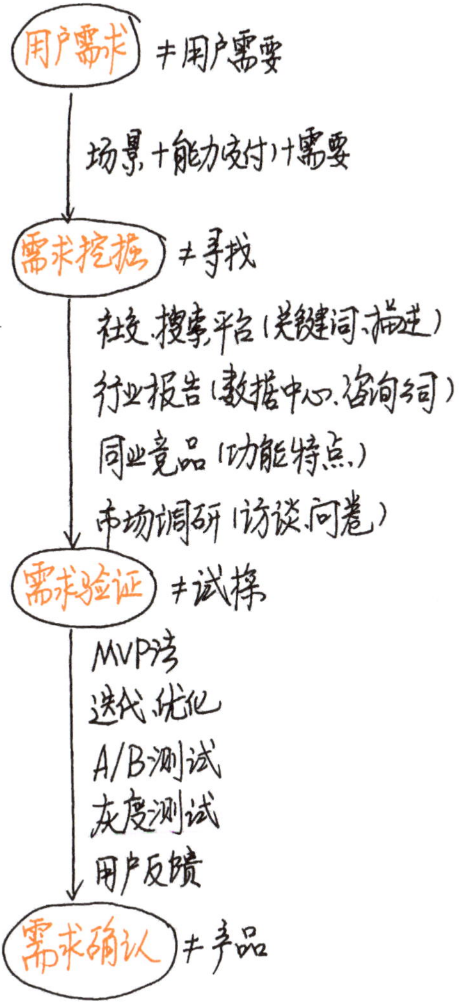
用户需求 ≠用户需要
场景+能力(支付)+需要
需求挖掘 ≠寻找
社交、搜索平台(关键词、描述)
行业报告(数据中心、咨询公司)
同业竞品(功能特点)
市场调研(访谈、问卷)
需求验证 ≠试探
MVP法
迭代优化
A/B测试
灰度测试
用户反馈
需求确认 ≠产品

上瘾模型——让用户爱上你的产品

手稿阅读提示：

- 触发要思考的：内部是什么痛点？外部是靠什么来吸引？
- 除了动机，要特别考虑让用户行动起来的难度和成本，要设置得尽量简单。
- 奖励要多变，同时要在确定性的基础上设置不确定性。
- 用户的投入要有助于触发下一轮用户行为。

上瘾模型——让用户爱上你的产品

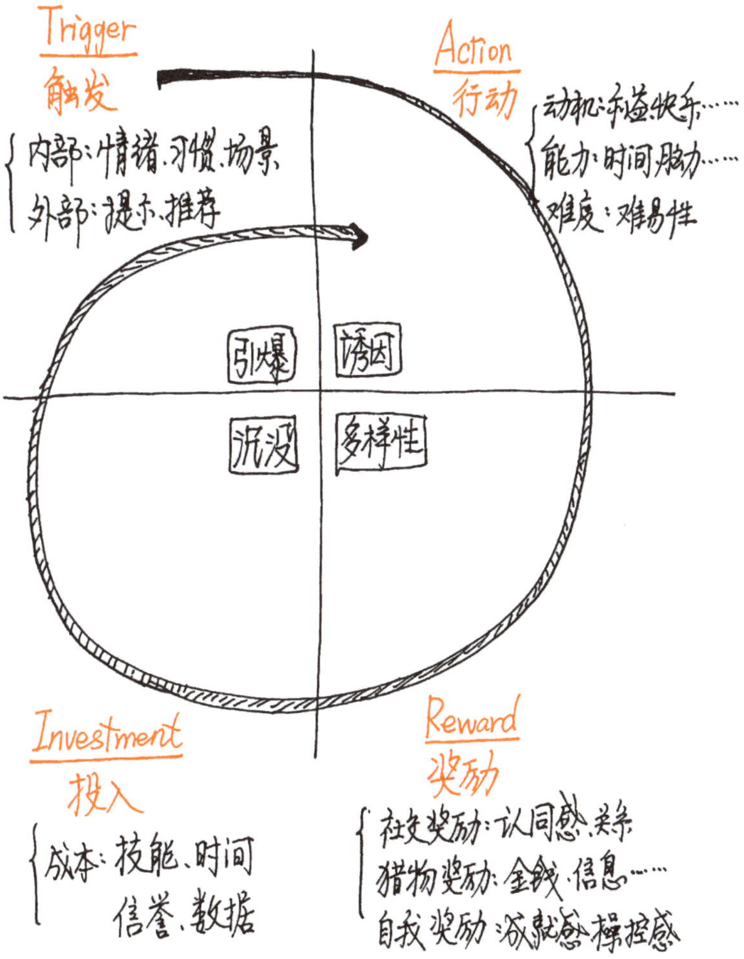
Trigger
触发
内部：情绪、习惯、场景
外部：提示、推荐
Action
行动
动机：利益、快乐……
能力：时间、脑力……
难度：难易性
引爆
诱因
沉没
多样性
Investment
投入
成本：技能、时间、信誉、数据
Reward
奖励
社交奖励：认同感、关系
猎物奖励：金钱、信息……
自我奖励：成就感、操控感

客户旅程地图——按摩店走一圈

手稿阅读提示:

① 客户旅程地图需要清晰的目标。

② 在产品初期别用。

③ 客户旅程地图是真实的，而且是共建的。

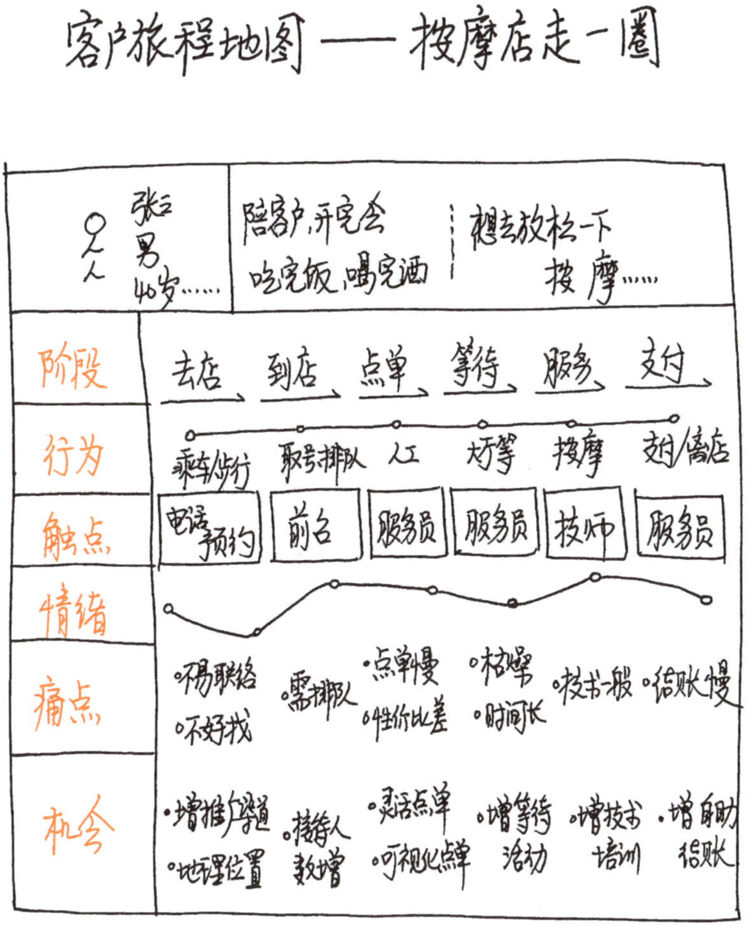
客户旅程地图——按摩店走一圈
张三
男
40岁……
陪客户,开完会
吃完饭,喝完酒
想去放松一下
按摩……
阶段
去店
到店
点单
等待
服务
支付
行为
乘车/步行
取号排队
人工
大厅等
按摩
支付/离店
触点
电话预约
前台
服务员
服务员
技师
服务员
情绪
痛点
·难联络
·不好找
·需排队
·点单慢
·性价比差
·枯燥
·时间长
·技术一般
·结账慢
机会
·增推广渠道
·地理位置
·接待人数增
·灵活点单
·可视化点单
·增等待活动
·增技术培训
·增自助结账

用户行为路径——洞悉用户的真实想法

手稿阅读提示：

- 听用户怎么说，不如看用户怎么做。
- 用户路径是可以人为操控的。
- 你知道目前你的产品的用户路径是怎样的吗？

用户行为路径——洞悉用户的真实想法

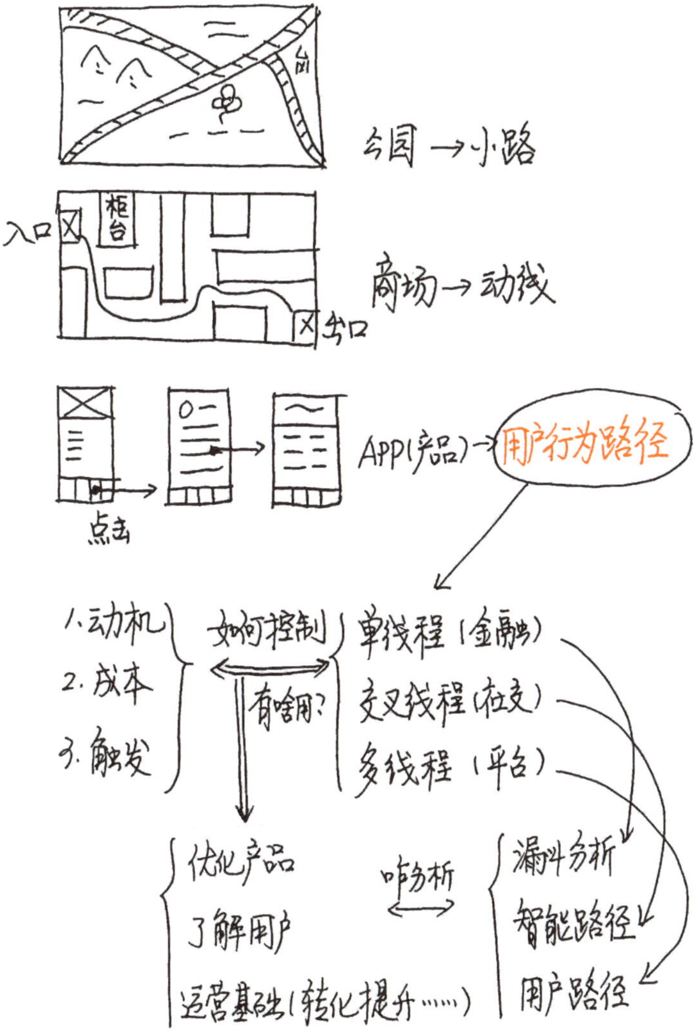
公园→小路
柜台
入口
商场→动线
出口
APP(产品)→用户行为路径
点击
1.动机
2.成本
3.触发
如何控制
有啥用?
单线程(金融)
交叉线程(社交)
多线程(平台)
优化产品
了解用户
运营基础(转化提升……)
咋分析
漏斗分析
智能路径
用户路径

用户体验罗盘 —— 用户体验指北

手稿阅读提示：

- 用户体验，是把看得见摸得着的事，变得虚化的过程。
- 产品功能和性能固然重要，但交互导致的易用性影响更深远。
- 视觉的权重正日益变得更高。

用户体验罗盘——用户体验指北

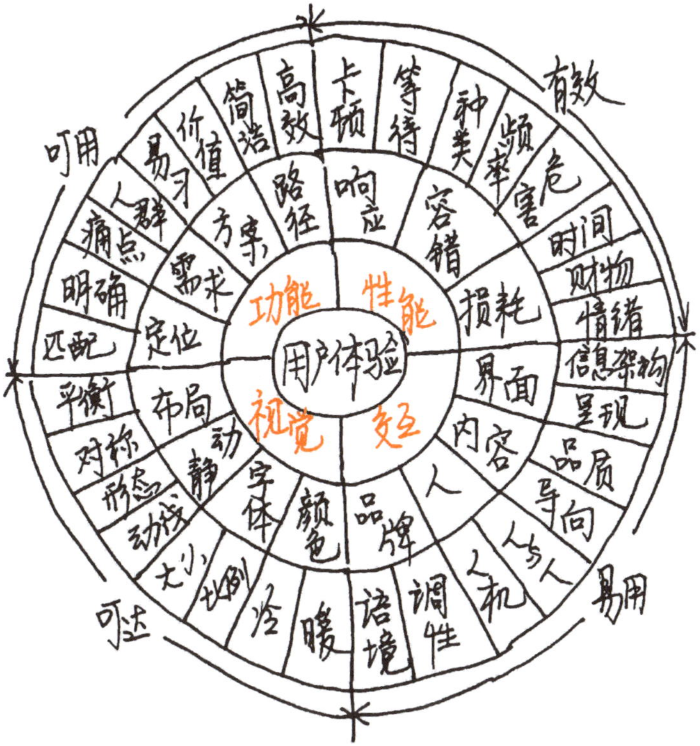
用户体验
功能
性能
视觉
交互
可用
有效
易用
可达
路径
响应
容错
损耗
界面
内容
人
品牌
颜色
字体
动静
布局
定位
需求
方案
高效
卡顿
等待
种类
频率
危害
时间
财物
情绪
信息架构
呈现
品质
导向
人与人
人机
调性
语境
暖
冷
比例
大小
动线
形态
对称
平衡
匹配
明确
痛点
人群
易习
价值
简洁

用户体验六度——用户体验要素解析

手稿阅读提示：

- 看似说的是用户体验，实际上说的是用户对于产品的体验。所以，提升用户体验的抓手是产品。
- 本图内层是体验的六个维度，再拓展到每个维度下的具体标准，如性能——使用情况、完成度、反应快慢；最外层是检查方法，如对用户进行“行为监控”。

用户体验六度——用户体验要素解析

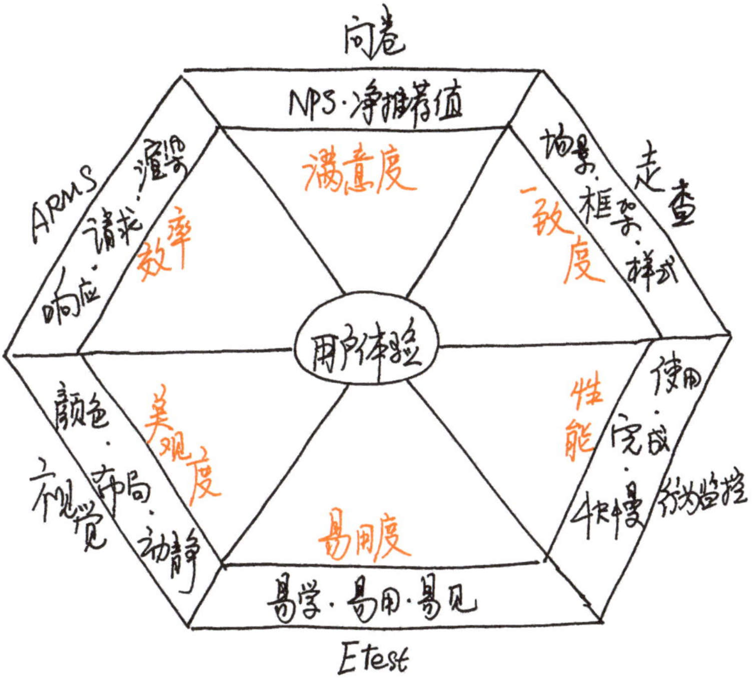
问卷
NPS·净推荐值
满意度
走查
场景·框架·样式
一致度
使用·完成·快慢
行为监控
性能
易用度
易学·易用·易见
Etest
美观度
颜色·布局·动静
视觉
效率
响应·请求·渲染
ARMS
用户体验

用户指标——应该关注什么指标

手稿阅读提示：

- 加号的意思是，不止这几条内容。
- 不同产品对指标关注的重点不同，但收入指标是大家都关注的。
- 这些指标还需结合具体业务做具体增减调整。

用户指标——应该关注什么指标

R 收入 5+
- GMV
- ROI
- ARPU
- 转化
- 付费/使用

A 获客 6+
- 新用户
- 激活
- CAC
- 营销成本
- ROI
- 下载

A 活跃 6+
- 活跃
- 功能使用
- 转化
- 间隔
- 停留时长
- 页面分布

R 留存 6+
- 留存
- 使用频次
- 复购
- 提交
- 笔数
- 付费留存

R 推荐 5+
- K因子
- 转化
- 感染周期
- 渠道
- 分享

Q 其他 6+
- 流失
- LT
- 召回
- LTV
- ROI
- 成本

用户反馈罗盘——用户反馈指北

手稿阅读提示：

1. 反馈渠道和方式是罗盘的起点，要广开言路。
2. 面对用户的反馈，要及时给予回应。
3. 每一个用户的反馈都是有价值的。

用户反馈罗盘——用户反馈指北

用户反馈
渠道+方式
内容
作用
策略
Bug
体验
建议
其他
收集
提炼
解决
反馈
产品
用户
市场
产品端
社群
APP商店
自媒体
异常
错误
主观
客观
功能
服务
投诉
表扬
持续
简易
广泛
整理
翻译
时效
精准
及时
福利
优化
迭代
分层
抓手
口碑
危机
提交
征询
讨论
综合
星级
评论
态度
投票
广度
深度
温度
高度

用户忠诚——用户忠诚的层级

手稿阅读提示：

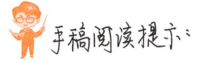

- 用户忠诚的顶层，是用户成为产品的"信徒"，对产品或品牌的理念、文化都极为拥护，甚至将产品视为某种精神寄托。
- 用户忠诚的最浅层，是用户对产品没有不满意，产品只是满足了用户的需求而已。

用户忠诚——用户忠诚的层级

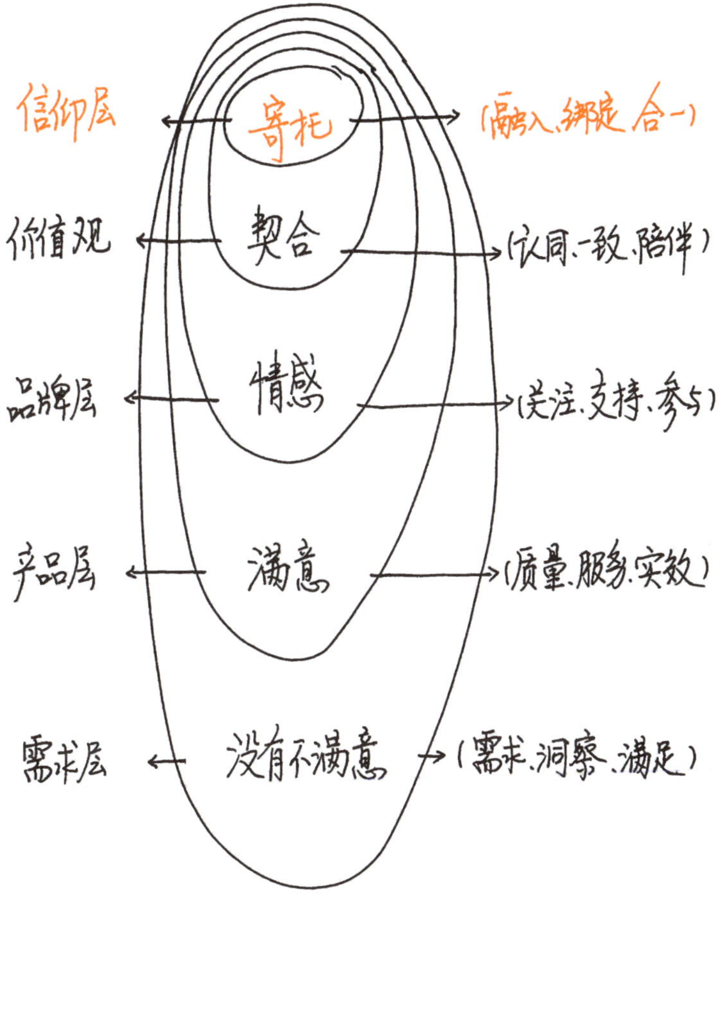
信仰层
寄托
(融入、绑定、合一)
价值观
契合
(认同、一致、陪伴)
品牌层
情感
(关注、支持、参与)
产品层
满意
(质量、服务、实效)
需求层
没有不满意
(需求、洞察、满足)

用户价值——用户的网络价值

手稿阅读提示：

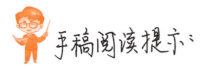

- 这个价值模型，又被称为“梅特卡夫定律”，是指产品的网络价值以用户数量的平方的速度增长。
- 用户数量到达某个临界点后，价值将会远远超过成本。
- 当你的用户数量从100增长到200时，你的价值从10×10^3涨到40×10^3，反之亦然。

用户价值——用户的网络价值

2个用户
V=2
5个用户
V=25
10个用户
V=100

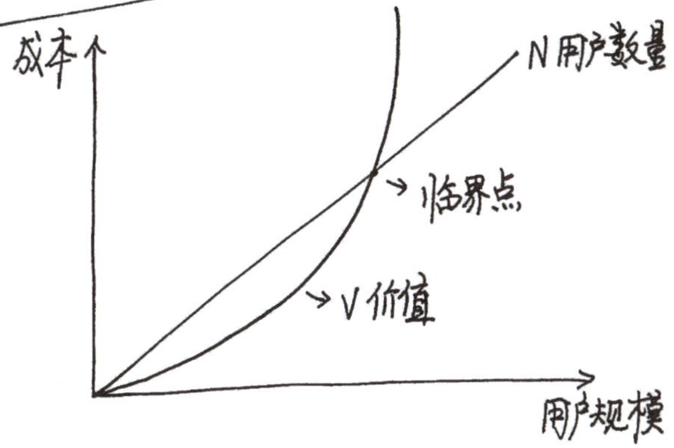
成本
N用户数量
临界点
V价值
用户规模

- 获取用户的成本是线性的；
- $V=N\times(N-1)\approx N^2$

  网络的价值等于网络内节点的平方；
- $V=K\cdot N^2$（K是价值系数）

  网络的价值与用户数量的平方呈正比。

用户转发——用户为什么会转发

手稿阅读提示：

- 相关→相通→提炼→升华，是指用户所要转发的内容，不一定必须是企业的推广软文，可以逐级扩充。想要更大声量，内容的传播基础要匹配。

- 转发的最基础的链条是，企业内部员工→用户→用户的朋友→朋友的朋友。员工是对转发内容的第一道审核，如果自己的员工都不想转发，就别浪费精力了。

用户转发——用户为什么会转发

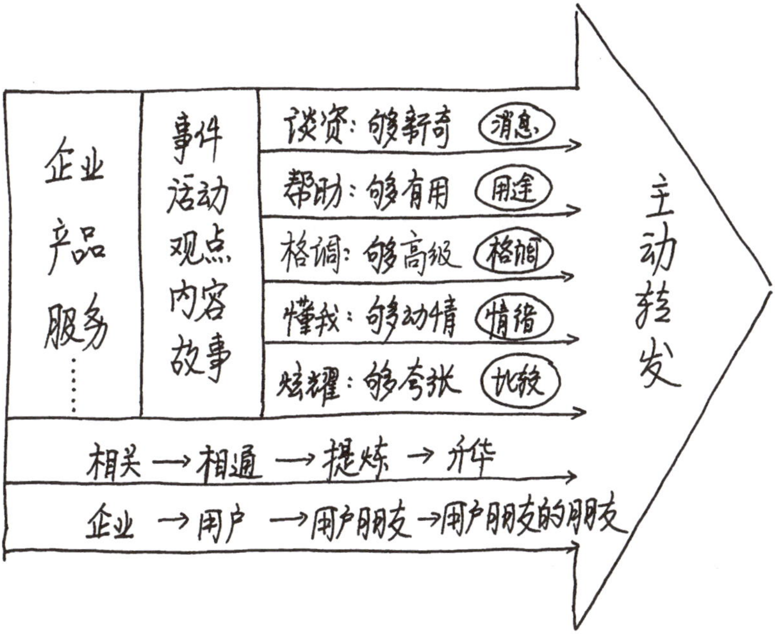
企业
产品
服务
……
事件
活动
观点
内容
故事
谈资：够新奇
消息
帮助：够有用
用途
格调：够高级
格调
懂我：够动情
情绪
炫耀：够夸张
比较
相关→相通→提炼→升华
企业→用户→用户朋友→用户朋友的朋友
主动转发

活跃度——如何提升用户活跃度

手稿阅读提示：

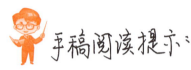

- 用户活跃度既是仅次于转化营收的指标，也是离收入最近的指标，是衡量产品价值的重要指标。
- 几乎所有的提升用户活跃度的措施，都可以甚至都应该放在用户成长体系内去做。我们往往忽略了用户成长体系对运营整体指标的拉升作用。

活跃度——如何提升用户活跃度

1. 促销 优惠、活动 → 京东
2. 消息 资讯、社交 → 新浪微博
3. 新功能 模块、优化 → 支付宝
4. 成就 分享、升级 → 航旅纵横
5. 游戏 夺宝、转盘 → 中国移动
6. 话题 八卦、热点 → 脉脉
7. 任务 签到、回复 → B站
8. 招数 小确幸、小惊喜 → 猎聘

善用用户成长体系！（大杀器）

流失率——用户为什么会离开你

手稿阅读提示：

- 你要明白，用户早晚有一天会流失，我们在做的，无非是延长用户留存的时间而已。
- 虽然用户终将流失，但你需要关注的是流失原因。除自然流失外，其他任何一种流失都需仔细研究。
- 受控流失占比最高，大多数用户流失的原因在于产品本身的交互、技术及提供的服务。

流失率——用户为什么会离开你

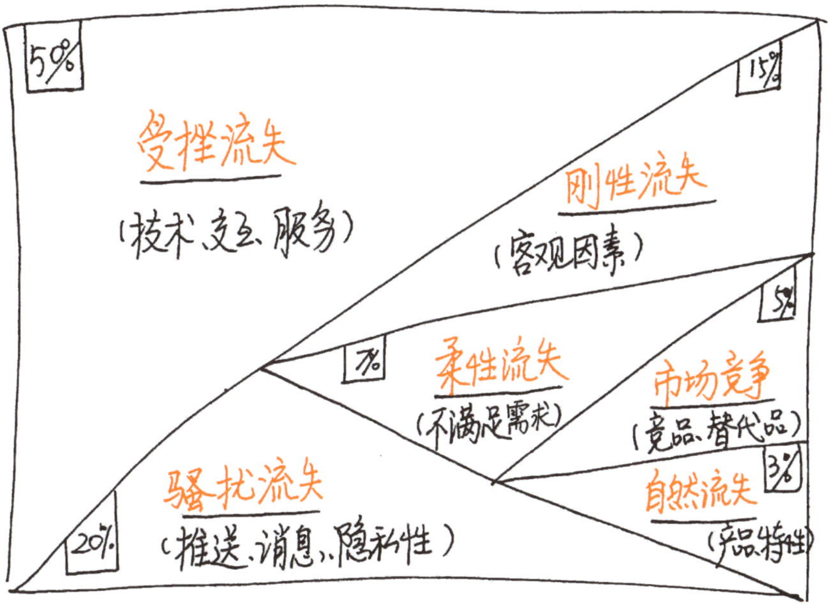
50%
受挫流失
（技术、交互、服务）
15%
刚性流失
（客观因素）
5%
7%
柔性流失
（不满足需求）
市场竞争
（竞品、替代品）
3%
自然流失
（产品特性）
20%
骚扰流失
（推送、消息、隐私性）

转化率——提升转化有章可循

手稿阅读提示：

- 提升转化率，最要紧的是做减法。去掉那些可有可无的、用户不在意的，要明白少即是多。
- 从入口处获取用户的精准程度，是除产品外，提升转化的良方。
- 走到最后一个措施，动用情感，会让运营变得更高级，也是难度最高的。如果前7条还没做好，可暂时不做第8条。

转化率——提升转化有章可循

1. 减法 ⟶ 路径、流程 ⟶ 注册、登录
2. 提速 ⟶ 页面、业务 ⟶ 卡顿、网速
3. 触达 ⟶ 互动、交流 ⟶ 直播、电话
4. 舍得 ⟶ 利益、优惠 ⟶ 奖金、优惠券
5. 分析 ⟶ 模型、数据 ⟶ 漏斗、分层
6. 精准 ⟶ 流量、推荐 ⟶ 渠道、场景
7. 清晰 ⟶ 美观、大方 ⟶ 图文、说明
8. 情感 ⟶ 融入、参与 ⟶ 价值观、合伙人

留存率——如何让用户留下来

手稿阅读提示：

- 很明显，留存率的提升，有一半以上的功劳是流失率的下降。
- 有损服务，是说在你的资源有限的情况下，先把用户在意的功能和产品的核心功能呈现出来，其他不重要的功能可以慢慢去呈现。
- 不要为了提高留存率而刻意去增加用户的沉没成本。

留存率——如何让用户留下来

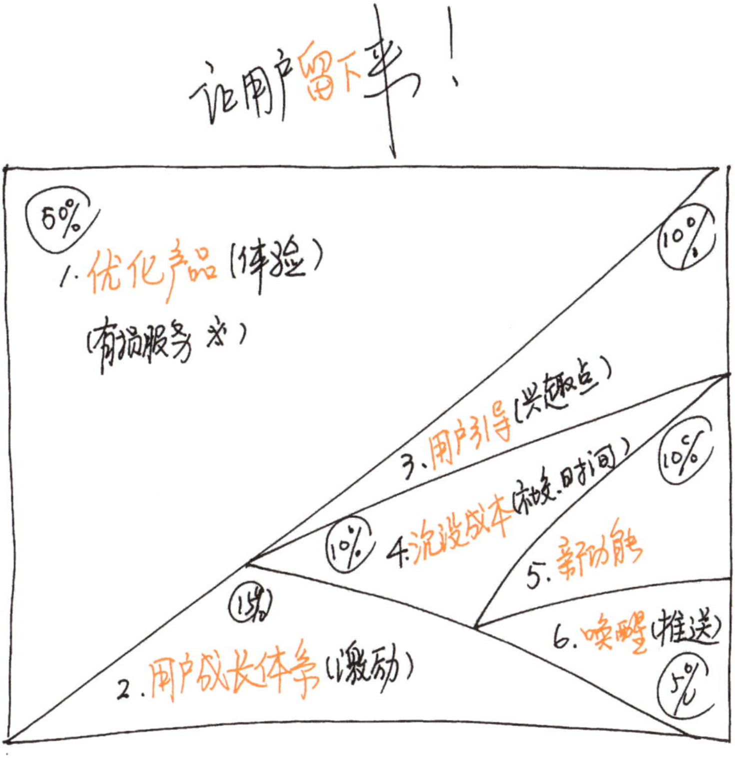
让用户留下来！
50%
1. 优化产品（体验）
（有损服务 ※）
10%
3. 用户引导（兴趣点）
10%
4. 沉没成本（精力、时间）
10%
5. 新功能
15%
2. 用户成长体系（激励）
6. 唤醒（推送）
5%

用户留存罗盘——用户留存指北

手稿阅读提示：

- 留存罗盘不仅仅在运营层面和产品层面进行了设置，还提到了业务端和市场端该如何配合，共同做好用户留存。
- 产品和业务分别是用户留存的关键与核心。如果产品和服务本身无法留住用户，或者说没有竞争力，那么仅靠运营是不可能留住用户的。

用户留存罗盘——用户留存指北

用户留存↑
市场端
产品端
业务端
运营端
基础
关键
必备
核心
品牌预期
用户引导
新功能
产品优化
沉没成本
成长体系
社群
唤醒
流程
服务
精准获客
塑造
关键行为
兴趣点
核心价值
功用
技术
交互
流程
时间
精力
财力
激励
惩罚
关系
内容
推送
活动
简化
优化
调整
升级
广告
渠道
控制

召回思路——用户召回的流程

手稿阅读提示：

- 用户召回是很多企业忽略的模块，也是运营工作中比较难处理的工作之一。
- 对于召回来说，用户流失的原因分析是重中之重。
- 要区分流失用户和沉睡用户，或者叫休眠用户。对流失用户叫召回，对休眠用户应该叫唤醒。二者定义不同，策略不同，容易混淆。

召回思路——用户召回的流程

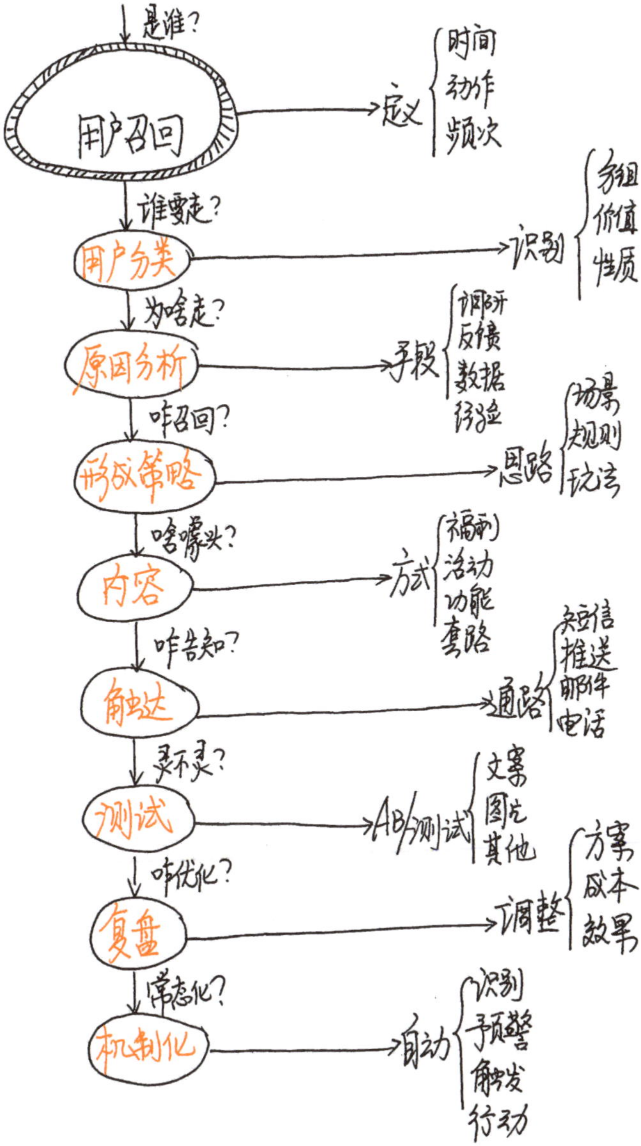
是谁？
用户召回
定义
时间
动作
频次
谁要走？
用户分类
识别
分组
价值
性质
为啥走？
原因分析
手段
调研
反馈
数据
经验
咋召回？
形成策略
思路
场景
规则
玩法
啥噱头？
内容
方式
福利
活动
功能
套路
咋告知？
触达
通路
短信
推送
邮件
电话
灵不灵？
测试
AB测试
文案
图片
其他
咋优化？
复盘
调整
方案
成本
效果
常态化？
机制化
自动
识别
预警
触发
行动

召回措施——流失用户召回的措施

手稿阅读提示：

- 召回的方式和方法都需要组合使用才能达到效果。
- 具体方式、方法要结合流失用户的标签、特点、情况来使用。
- 电话、约访的方式都比较重，要慎重使用，但可以少量使用这种方式来调研用户流失的真正原因。

召回措施——流失用户召回的措施

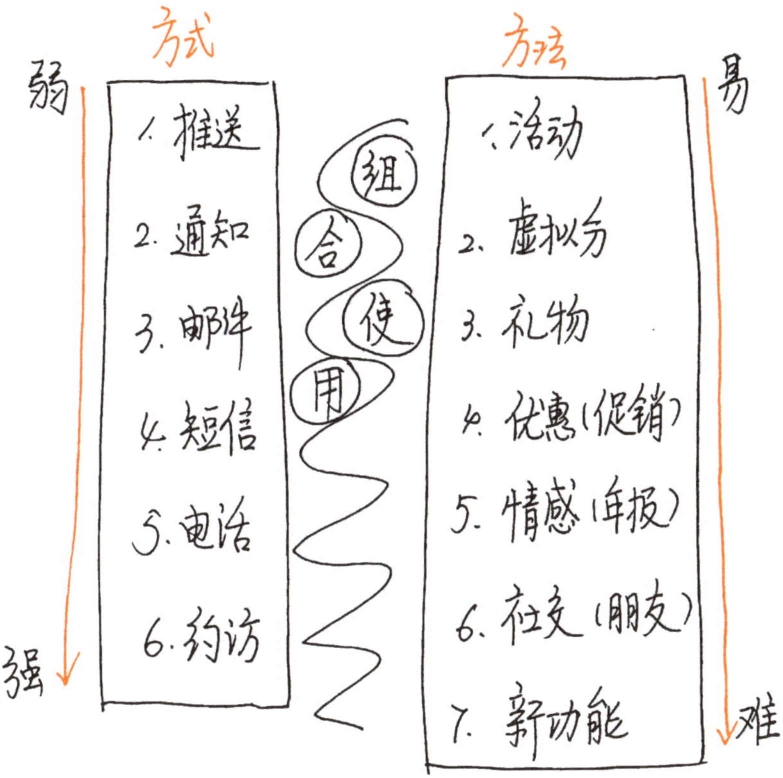
方式
弱
1. 推送
2. 通知
3. 邮件
4. 短信
5. 电话
6. 约访
强
组合使用
方法
易
1. 活动
2. 虚拟分
3. 礼物
4. 优惠（促销）
5. 情感（年报）
6. 社交（朋友）
7. 新功能
难

社群运营——底层逻辑是什么

手稿阅读提示：

- 社群运营的底层逻辑是用户的价值认同。包括态度、观点、行为的认同。认同的关键是让用户产生归属感。
- 商业的本质是交换。作为一个商业化运作的社群，能够提供的价值是社群能存在的基础，如产品服务、社交功能等。
- 从社群载体→纽带→价值→契约→认同是社群运营由表及里、由外到内的推进思路。

社群运营——底层逻辑是什么

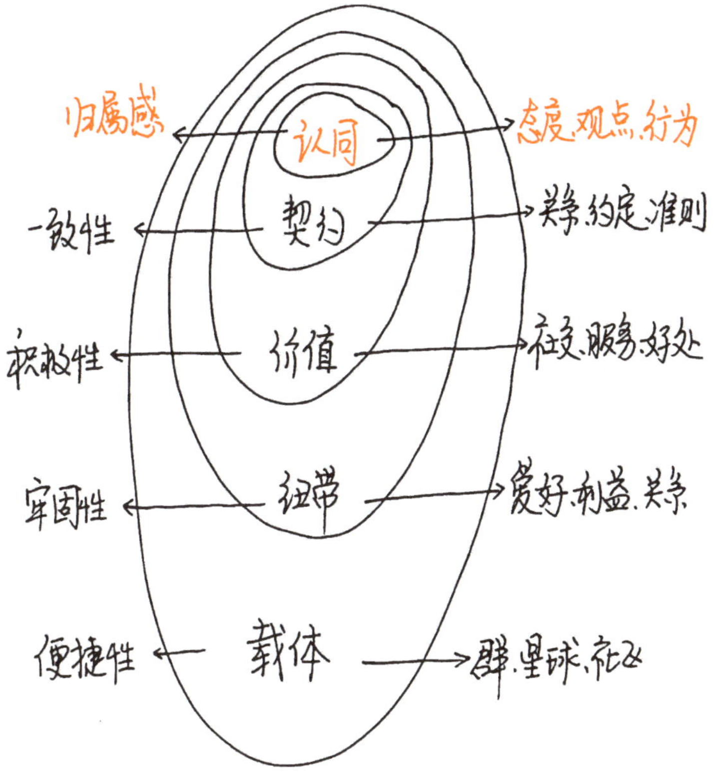
归属感
认同
态度、观点、行为
一致性
契约
关系、约定、准则
积极性
价值
社交、服务、好处
牢固性
纽带
爱好、利益、关系
便捷性
载体
群、星球、社区

社群运营罗盘——社群运营指北

手稿阅读提示：

① 社群定位是起点，必须要清楚为啥要搞社群。

② 社群不是越大越好，也不是越小越好。

③ 社群管理的核心，是设置一套可以衡量的用户行为价值系统。

社群运营罗盘——社群运营指北

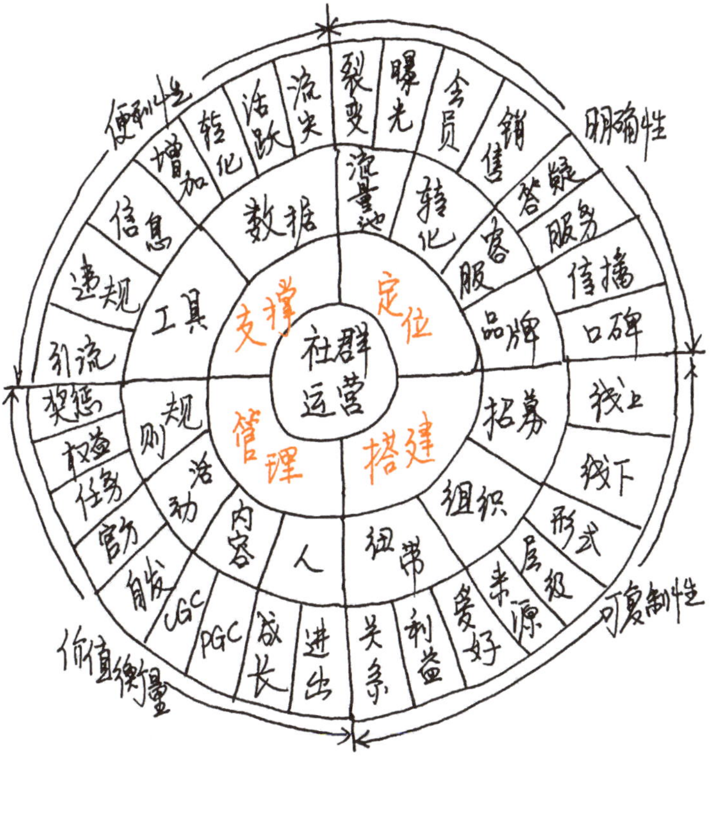
社群运营
支撑
定位
管理
搭建
数据
流量池
转化
客服
品牌
招募
组织
纽带
人
内容
活动
规则
工具
裂变
曝光
会员
销售
答疑
服务
传播
口碑
线上
线下
形式
层级
来源
爱好
利益
关系
进出
成长
PGC
UGC
自发
官方
任务
权益
奖惩
引流
违规
信息
增加
转化
活跃
流失
便利性
明确性
可复制性
价值衡量

体系搭建——会员体系怎么建起来

手稿阅读提示：

㊀ 两套逻辑。企业用的是成本逻辑，多大成本有多少收益；用户是收入逻辑，是加入会员有多大好处。会员体系就是在这两套逻辑里找交集。

㊁ 用于会员体系里的成本，以及带来增效的会员是符合二八法则的。

㊂ 企业衡量会员行为是可以拆解测算的，因为有数据、有转化率；而对于用户来说，行为是无法被测算的，但收益是可以被测算的。

体系搭建——会员体系怎么建起来

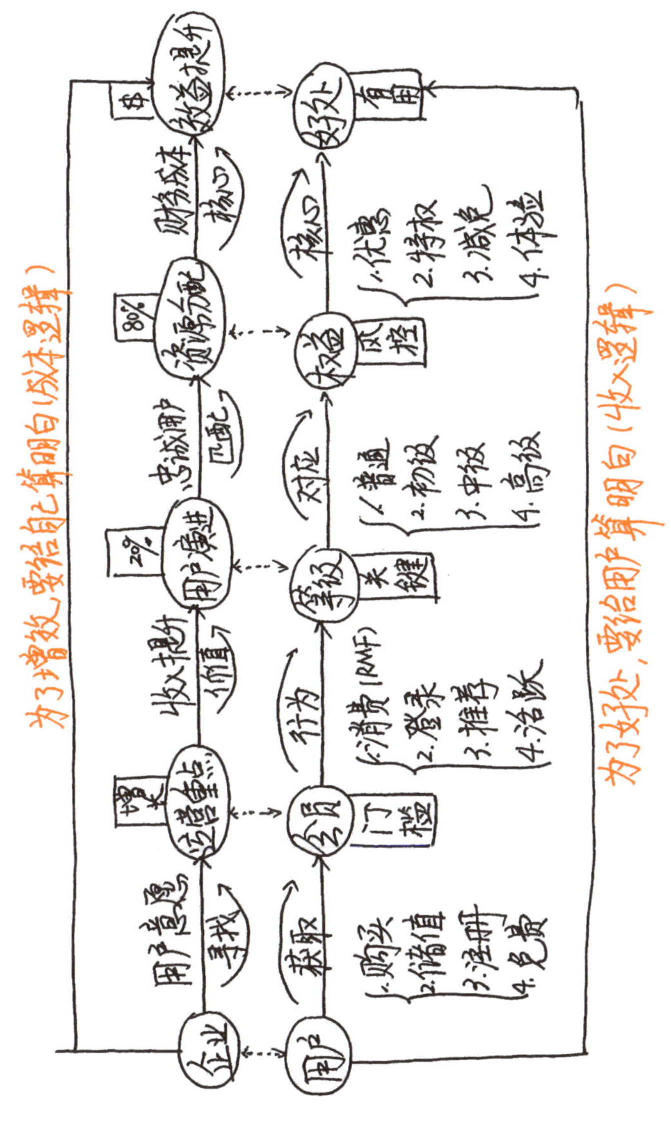
企业
用户
用户意愿
寻找
获取
会员
门槛
1.购买
2.储值
3.注册
4.免费
收入提升
价值
20%
行为
等级
关键
1.消费(RMF)
2.登录
3.推荐
4.活跃
匹配
资源分配
80%
对应
权益
风控
1.普通
2.初级
3.中级
4.高级
财务成本
核心
好处
有用
1.优惠
2.特权
3.减免
4.体验
为了增效，要给自己算明白(成本逻辑)
为了好处，要给用户算明白(收入逻辑)

会员运营——用户分层运营

手稿阅读提示：

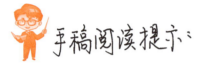

- 会员运营的重点在于与用户建立持久的关系。
- 会员权益要考虑价值度和差异性。

会员运营——用户分层运营

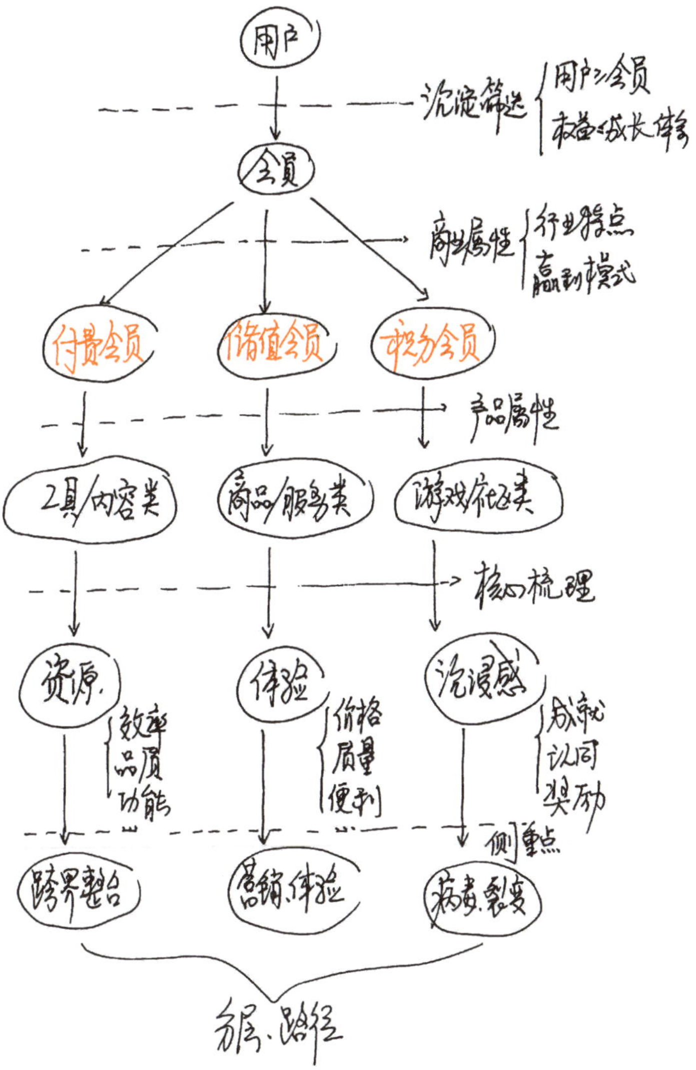
用户
沉淀筛选
用户≠会员
权益成长体系
会员
商业属性
行业特点
盈利模式
付费会员
储值会员
积分会员
产品属性
工具/内容类
商品/服务类
游戏/社区类
核心梳理
资源
效率
品质
功能
体验
价格
质量
便利
沉浸感
成就
认同
奖励
侧重点
跨界整合
营销体验
病毒裂变
分层、路径

会员权益——权益和需求层次

手稿阅读提示：

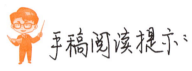

- 横轴是会员粘性，纵轴是会员的参与度。
- V1到V5是指会员级别，圆圈交集的内容是指权益的具体设置、具体内容。
- 会员权益也同样遵循马斯洛的五大需求层次论。

会员权益——权益和需求层次

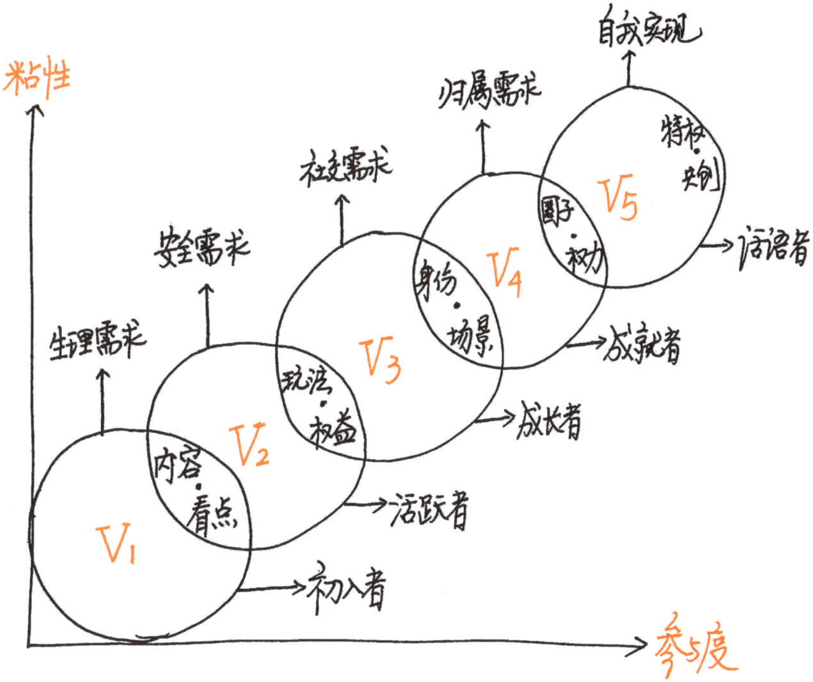
粘性
参与度
生理需求
安全需求
社交需求
归属需求
自我实现
内容·看点
玩法·权益
身份·场景
圈子·权力
特权·共创
V_1
V_2
V_3
V_4
V_5
初入者
活跃者
成长者
成就者
话语者

积分运营罗盘——积分运营指北

手稿阅读提示：

- 高频、长期、具备持续运营价值的产品，比较适合做积分体系。
- 积分就像是在产品体系内的虚拟货币。
- 在积分体系罗盘中，获取和消耗两个模块是积分体系的重要构成部分。

积分运营罗盘——积分运营指北

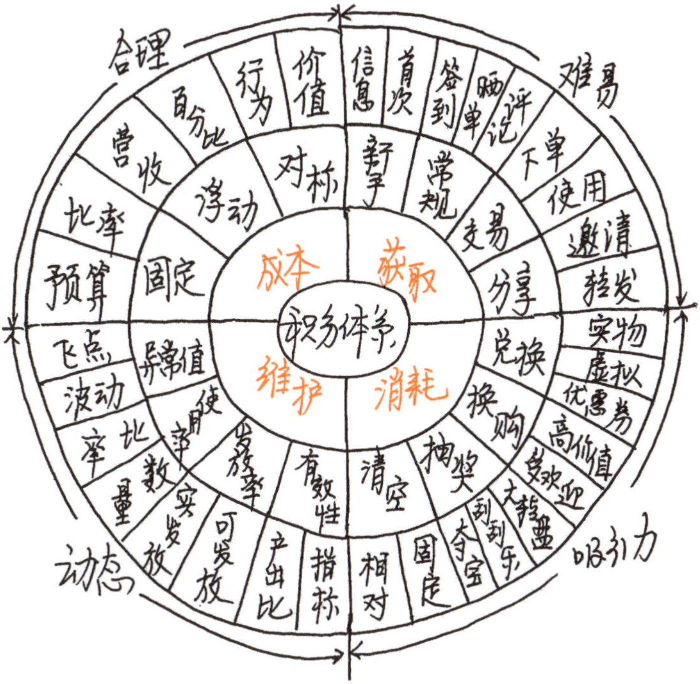
积分体系
成本
获取
维护
消耗
合理
难易
吸引力
动态
对标
浮动
固定
异常值
使用率
发放率
有效性
清空
抽奖
换购
兑换
分享
交易
常规
新手
价值
行为
百分比
营收
比率
预算
飞点
波动
量数
实发放
可发放
产出比
指标
相对
固定
夺宝
大转盘
多欢迎
高价值
优惠券
虚拟
实物
转发
邀请
使用
下单
评论
晒单
签到
首次
信息

第 4 章
流量运营

流量就是准用户，用户就是一切。

流量运营罗盘 — 流量运营指北

手稿阅读提示：

㊀线下流量比较适合创业初期。

㊁如果没有预算，就多用自营的流量资源。

㊂采买流量的核心是ROI，但实际测量要放长线。

流量运营罗盘 — 流量运营指北

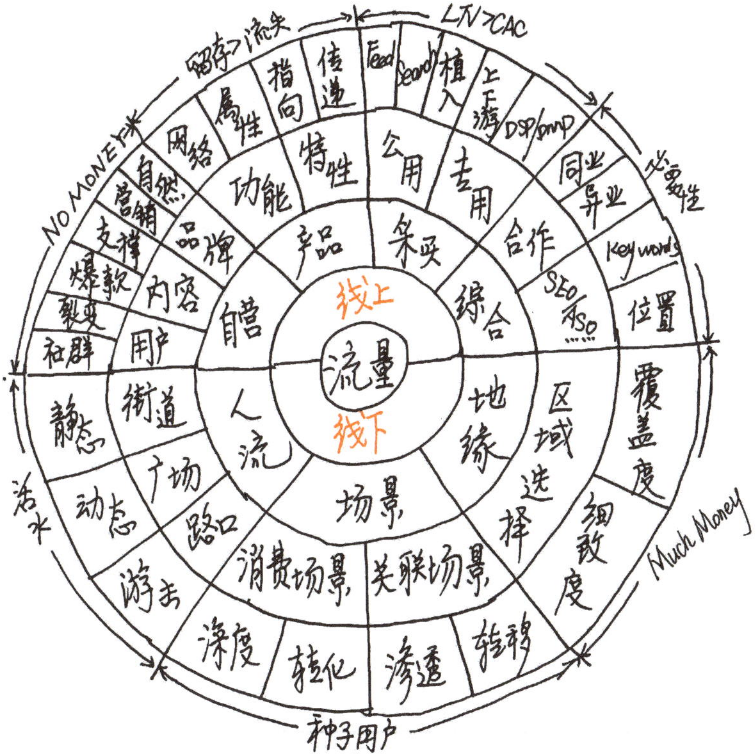
流量
线上
线下
产品
采买
综合
地缘
场景
人流
自营
功能
特性
公用
专用
合作
SEO/ASO
区域选择
关联场景
消费场景
广场
街道
用户
内容
品牌
传递
指向
属性
网络
自然
营销
支撑
爆款
裂变
社群
Feed
Search
植入
上下游
DSP/pmp
同业
异业
Keywords
位置
覆盖度
细致度
转移
渗透
转化
深度
游击
动态
静态
路口
LTV>CAC
留存>流失
NO MONEY
必要性
Much Money
种子用户
活水

拉新逻辑——拉新的底层逻辑是什么

手稿阅读提示：

① 拉新，就是指拉新用户，表面看上去就是获取流量，它的核心本质是向用户输出，向用户表达。

② 图的右侧如"眼球、关注、吸引"是对"流量"的解读，而左侧"曝光度"是指"流量"的关键点。

③ 从流量到需求，到场景、对话，再到表达，是层层递进的关系。可以理解为由表及里逐层拆解。

拉新逻辑——拉新的底层逻辑是什么

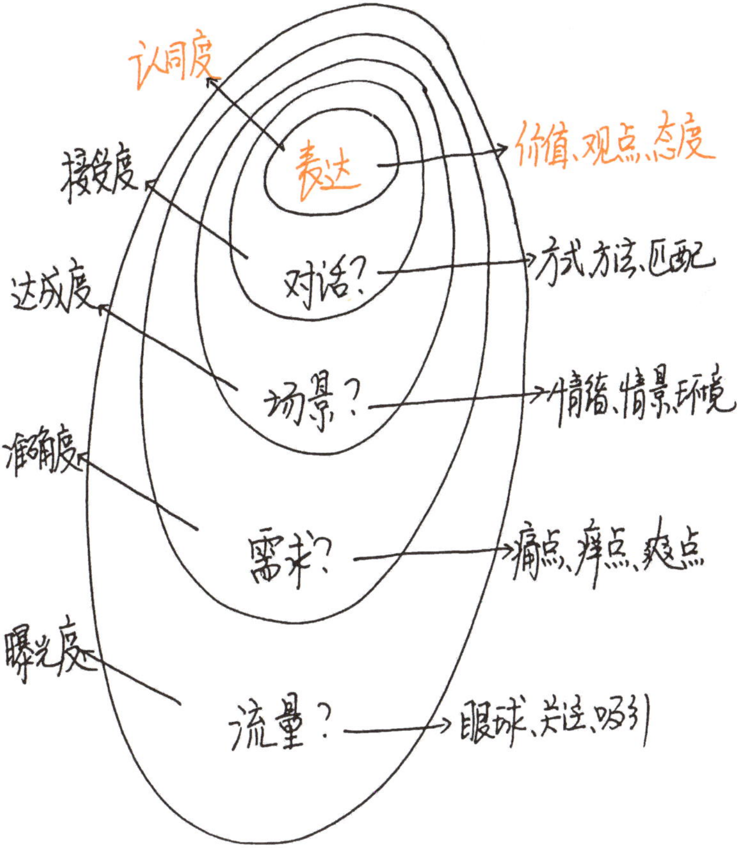
认同度
表达
价值、观点、态度
接受度
对话?
方式、方法、匹配
达成度
场景?
情绪、情景、环境
准确度
需求?
痛点、痒点、爽点
曝光度
流量?
眼球、关注、吸引

增长逻辑——持续增长靠什么

手稿阅读提示：

- 增长不是拉新，不是流量投放，应是一系列的运营、产品技术、市场手段的集合，即实现企业的营收关键指标的提升。
- 从表面上看，对增长有显著影响的因素是流量，但能够支撑企业实现可持续增长的根本因素是产品和企业的文化构建。

增长逻辑——持续增长靠什么

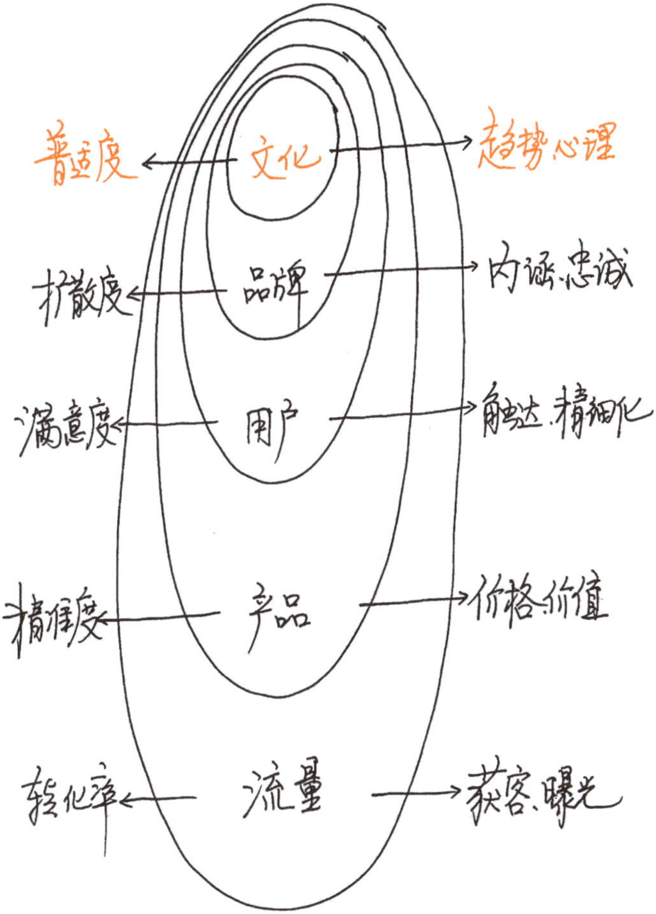
普适度
文化
趋势心理
扩散度
品牌
内涵、忠诚
满意度
用户
触达、精细化
精准度
产品
价格、价值
转化率
流量
获客、曝光

增长的火箭——如何实现增长

手稿阅读提示：

- 火箭的三级引擎分别是黏着式、病毒式、付费式的增长策略。而三种引擎的评估分别是留存>流失、因子K>1。

  用户生命周期价值大于用户运营成本，也就是CLV>CAC。

- 口碑、衍生效应、可持续的广告(投放)、复购是火箭的燃料，给火箭源源不断地提供动力支持。

- 使用频率是对增长引擎的关键点的描述提醒，"回头客"是对引擎的粗暴解读。

增长的火箭——如何实现增长

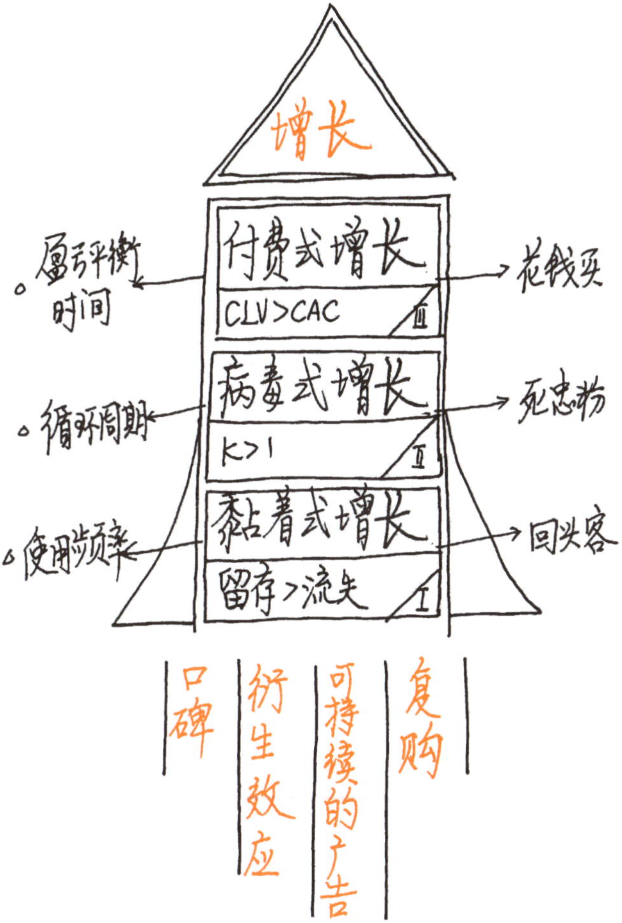
增长
付费式增长
CLV>CAC
Ⅲ
病毒式增长
K>1
Ⅱ
黏着式增长
留存>流失
Ⅰ
盈亏平衡时间
循环周期
使用频率
花钱买
死忠粉
回头客
口碑
衍生效应
可持续的广告
复购

获客罗盘——获取用户指北

手稿阅读提示：

- 获客的方式可能有一万种，但你需要的也许只有一种。
- 如今的情况，内容和跨界是当红思路。
- 获客罗盘也无法穷尽获客的所有方式。

获客罗盘——获取用户指北

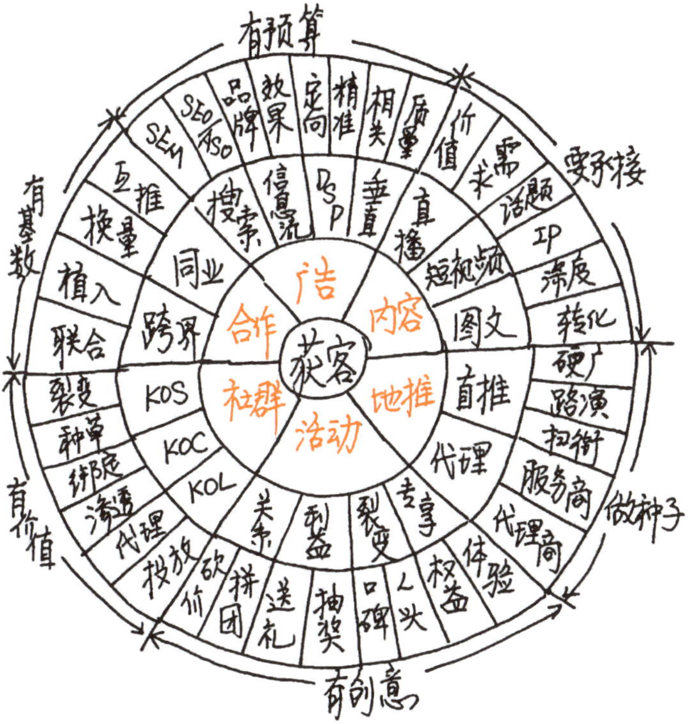
获客
广告
内容
地推
活动
社群
合作
搜索
信息流
DSP
垂直
直播
短视频
图文
直推
代理
专享
裂变
利益
关系
KOL
KOC
KOS
跨界
同业
SEM
SEO/ASO
品牌
效果
定向
精准
相关
质量
价值
需求
话题
IP
深度
转化
硬广
路演
扫街
服务商
代理商
体验
权益
人头
口碑
抽奖
送礼
拼团
砍价
投放
代理
渗透
绑定
种草
裂变
联合
植入
换量
互推
有预算
要承接
做种子
有创意
有价值
有基数

流量三级——流量也分三六九等

手稿阅读提示：

① 流量的效果与成本容易不呈正比。

② 正三角是指从操作难度和所需成本的角度来看，三种流量依次递增。

③ 倒三角是指从效果和收益的角度，流量对企业和产品的作用递减。

流量三级——流量也分三六九等

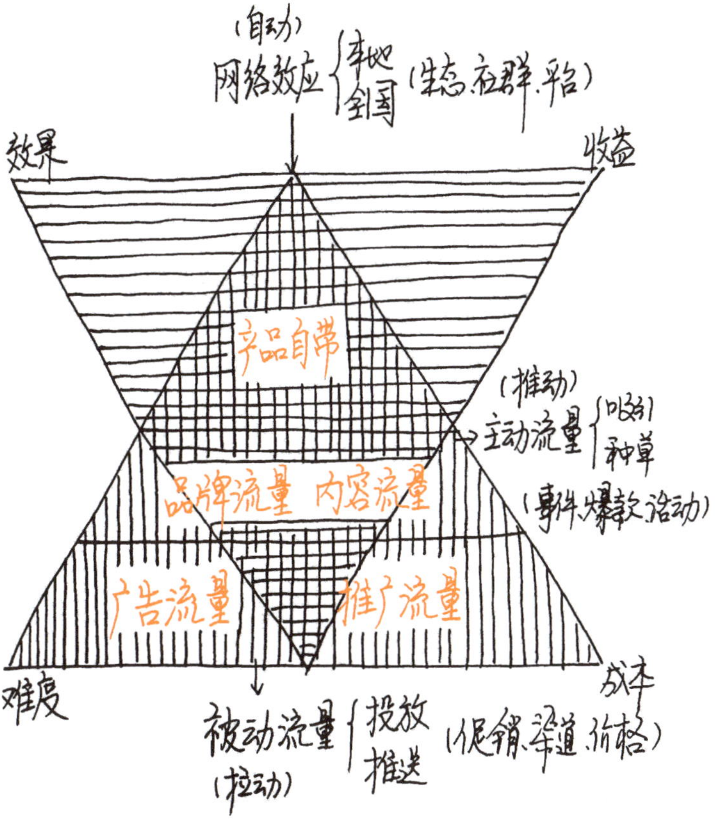
(自动)
网络效应
本地
全国
(生态、社群、平台)
效果
收益
产品自带
(推动)
主动流量
吸引
种草
(事件、爆款、活动)
品牌流量
内容流量
广告流量
推广流量
难度
成本
被动流量
(拉动)
投放
推送
(促销、渠道、价格)

更多用户——如何获取流量

手稿阅读提示：

- 通常来说，这几种获取流量的方法是混合使用的。
- 用户裂变的获取流量方式，并不适用于所有产品。
- 联盟长尾的模式，适用于一些垂直类的产品。
- 内容营销与新媒体可能是当下成本较小而效果较好的方式。

更多用户——如何获取流量

流量获取九式

1. 应用商店	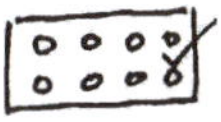	关键词、评论
2. 搜索引擎		描述、排名
3. 用户裂变	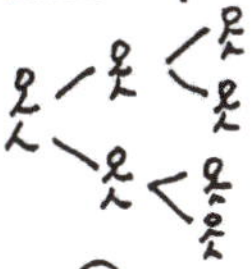	叶子、节点
4. 广告投放		原生、信息流
5. 内容营销		爆款、矩阵
6. 品牌推广		广告、活动
7. 线下流量	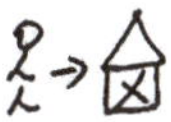	场景、地推
8. 联盟长尾		精准、少量
9. 新媒体		视频、直播

流量不等式——从流量到用户的逻辑

手稿阅读提示：

① 这张图主要表达的是，从运营的视角去看待流量是如何一步步变为你的用户的。

② 从曝光开始，总是有一波用户，或者说是流量流失掉了，而我们可能与这些流量"未曾谋面"。

流量不等式——从流量到用户的逻辑

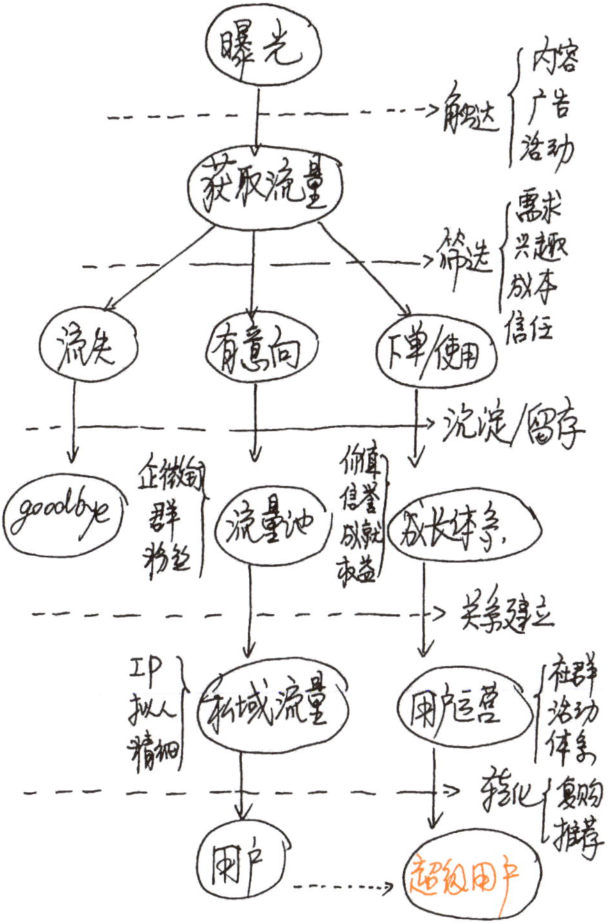
曝光
触达
内容
广告
活动
获取流量
筛选
需求
兴趣
成本
信任
流失
有意向
下单/使用
沉淀/留存
goodbye
企微号
群
粉丝
流量池
价值
信誉
成就
权益
成长体系
关系建立
IP
拟人
精细
私域流量
用户运营
社群
活动
体系
转化
复购
推荐
用户
超级用户

社交裂变罗盘——社交裂变指北

手稿阅读提示：

- 裂变动机是起始点。
- 圈层就是产品的主要目标用户群。
- 动机是能够明确裂变的导向设置。

社交裂变罗盘——社交裂变指北

口碑导向
匹配度
销售导向
包装
谈资
认同
关系
利益
价值
自领
无产
中产
开放
闭塞
匹配度
切入点
便利
趣味
高大上
矮矬穷
直接
含蓄
图
文
视频
利己
利他
精神
定位
调性
意愿
力度
风格
表达
形式
物质
动机
圈层
载体
社交裂变

裂变冰山模型——裂变的表面和底层

手稿阅读提示：

- 你看到的玩法、套路，如砍价、红包、分享活动等，仅仅是冰山的表层，在你看不到的深处，有一整套思路、逻辑等在支撑。
- 资源结构是最接近表层的部分。有什么样的资源，产品是啥，用户是谁，配备哪些可用的各种资源，决定你的玩法呈现形式。
- 在冰山的最深处，是你对裂变的系统思维，如裂变的模型，病毒循环，各种影响因子。

裂变冰山模型——裂变的表面和底层

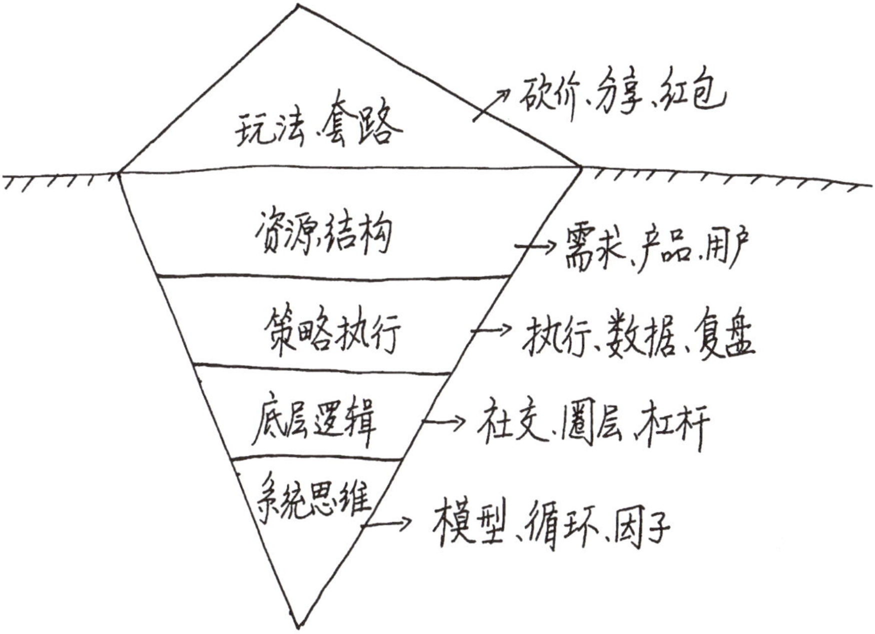
玩法、套路
砍价、分享、红包
资源结构
需求、产品、用户
策略执行
执行、数据、复盘
底层逻辑
社交、圈层、杠杆
系统思维
模型、循环、因子

裂变九式——社交裂变的通用章法

手稿阅读提示：

- 第一列是裂变的方式，共九种。第二列是示例图。第三列是举例。
- 多级分销要注意层级数量，分佣、分润来源等，不要触犯法规红线。
- 以上的九种裂变方式是混合使用的，取其一两种，用好即可。

裂变九式——社交裂变的通用章法

1. 邀请有礼		支付宝
2. 分享获利		饿了么
3. 团购满减		美团
4. 好友助力	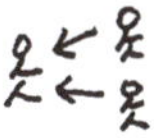	拼多多
5. 代人买单	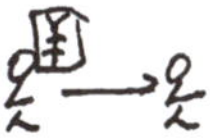	ROSEONLY
6. 多级分销	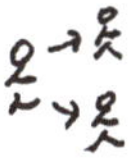 (3级内)	云集
7. 成就分享		航旅纵横
8. 有机发散		冰桶挑战
9. 产品嵌入		163邮箱

病毒传播——用户带来更多用户

手稿阅读提示：

- 这只是一种方便的算法而已，实操起来会很复杂。
- K因子在实际的测算里较难校准。
- 由于用户行为的不确定性，存在着大量的平均和预估。

病毒传播——用户带来更多用户

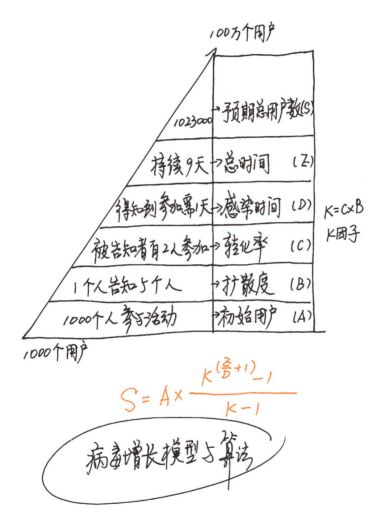

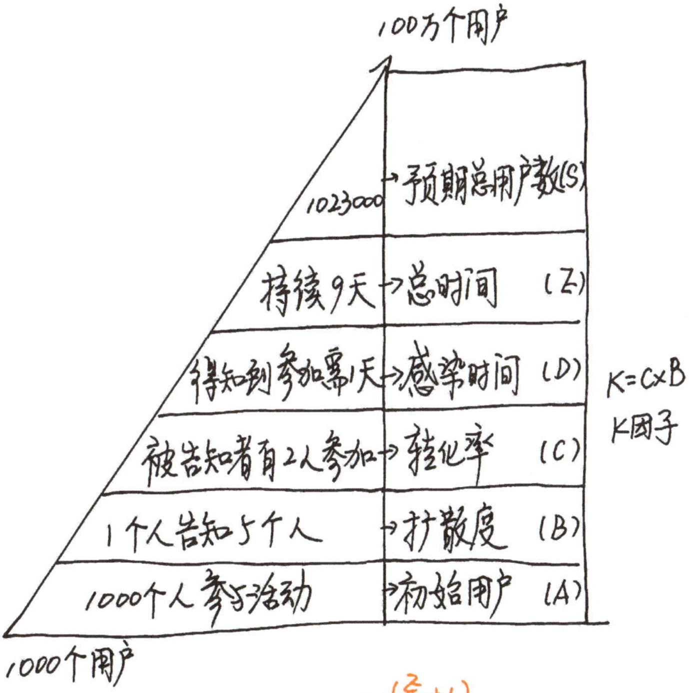
100万个用户
1023000
→预期总用户数(S)
持续9天
→总时间 (Z)
得知到参加需1天
→感染时间 (D)
K=C×B
K因子
被告知者有2人参加
→转化率 (C)
1个人告知5个人
→扩散度 (B)
1000个人参与活动
→初始用户 (A)
1000个用户

$$S = A \times \frac{K^{(\frac{Z}{D}+1)}-1}{K-1}$$

病毒增长模型与算法

推广逻辑线——推广有法可依

手稿阅读提示：

㊀本图把推广划分为六个关键步骤，分别是产品和服务、卖点提炼、推广形式、通路规划、用户接收和用户决策。

㊁本图的中间四行对四种产品形态进行了举例说明。

㊂最后一行是用最简单、粗暴的方式来阐明每个步骤的关键点是什么。

推广逻辑线——推广有法可依

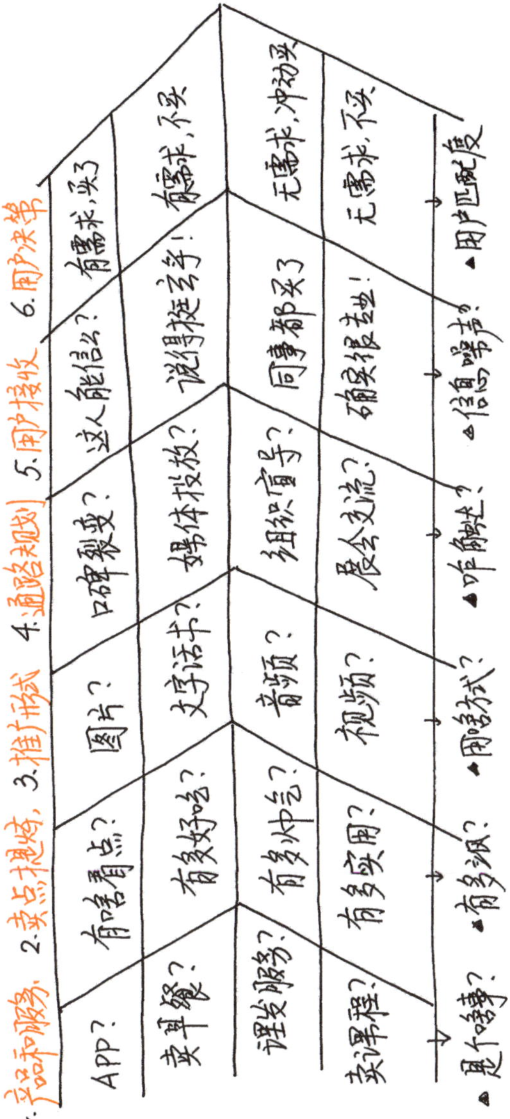
1.产品和服务
2.卖点提炼
3.推广形式
4.通路规划
5.用户接收
6.用户决策
APP？
有啥看点？
图片？
口碑裂变？
这人能信么？
有需求，买了
卖早餐？
有多好吃？
文字话术？
媒体投放？
说得挺玄乎！
有需求，不买
理发服务？
有多时尚？
音频？
组织宣导？
同事都买了
无需求，冲动买
卖课程？
有多实用？
视频？
聚会交流？
确实很不错！
无需求，不买
▲是个啥？
▲有多好？
▲用啥方式？
▲咋触达？
▲信不信呢？
▲用户匹配度

推广八要素——推广的要素构成

手稿阅读提示：

- 推广就是和用户说话、表达。
- 翻译过来就是目标、受众、方式、内容、渠道、流程、调性、情景。

推广八要素——推广的要素构成

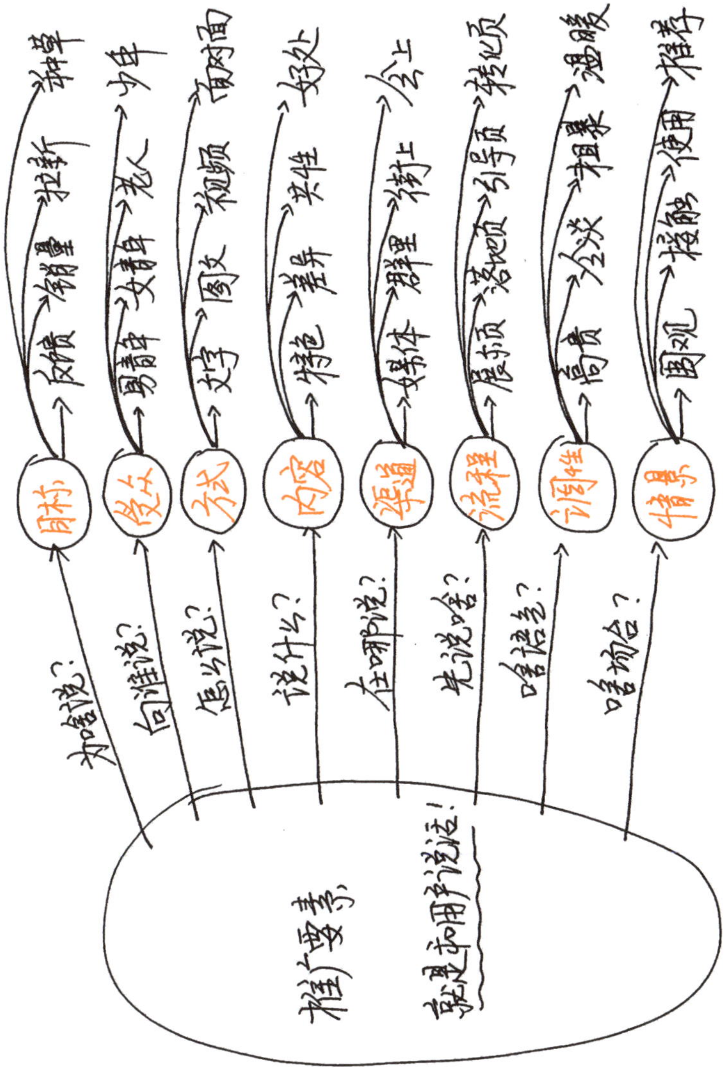
推广要素
就是和用户说话!
为啥说?
目标
反馈
销量
拉新
种草
向谁说?
受众
男青年
女青年
老人
少年
怎么说?
方式
文字
图文
视频
面对面
说什么?
内容
特色
差异
共性
好处
在哪说?
渠道
媒体
群里
街上
会上
先说啥?
流程
展示页
落地页
引导页
转化页
啥语气?
调性
高贵
冷淡
粗暴
温暖
啥场合?
情景
围观
接触
使用
推荐

AIDTAS——从陌生人到用户

手稿阅读提示：

- AIDTAS模型讲的是消费者从接触到营销推广信息，到完成购买所经历的阶段，是由AIDA模型进阶发展而来的。
- AIDTAS不仅仅是在营销上有重要的参考作用，在互联网运营中，对于理解用户转化的过程也有非常大的参考意义。
- 本图结合运营实践后对AIDTAS进行了改良，可以认为是“运营界的营销模型”。

AIDTAS——从陌生人到用户

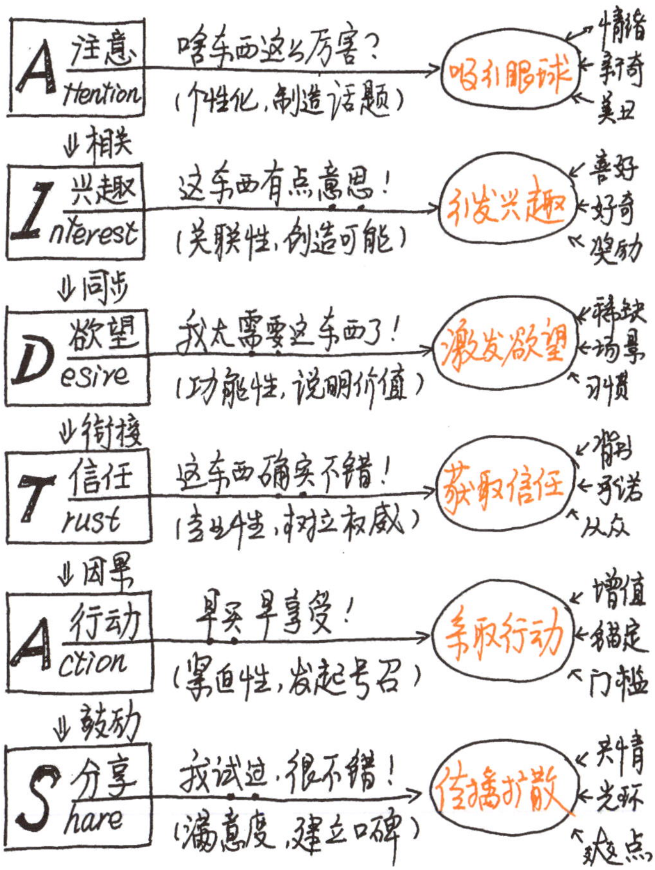
A 注意 Attention
啥东西这么厉害？
（个性化，制造话题）
吸引眼球
情绪
新奇
美丑
相关
I 兴趣 Interest
这东西有点意思！
（关联性，创造可能）
引发兴趣
喜好
好奇
奖励
同步
D 欲望 Desire
我太需要这东西了！
（功能性，说明价值）
激发欲望
稀缺
场景
习惯
衔接
T 信任 Trust
这东西确实不错！
（专业性，树立权威）
获取信任
背书
承诺
从众
因果
A 行动 Action
早买早享受！
（紧迫性，发起号召）
采取行动
增值
锚定
门槛
鼓励
S 分享 Share
我试过，很不错！
（满意度，建立口碑）
传播扩散
共情
光环

B端获客五步法——B端如何获客

手稿阅读提示：

- 看起来土，但是真有效。
- 或许不用完全照着做，但节奏差不多。
- 走到第五步，就要考虑企业的第二曲线了。

B端获客五步法——B端如何获客

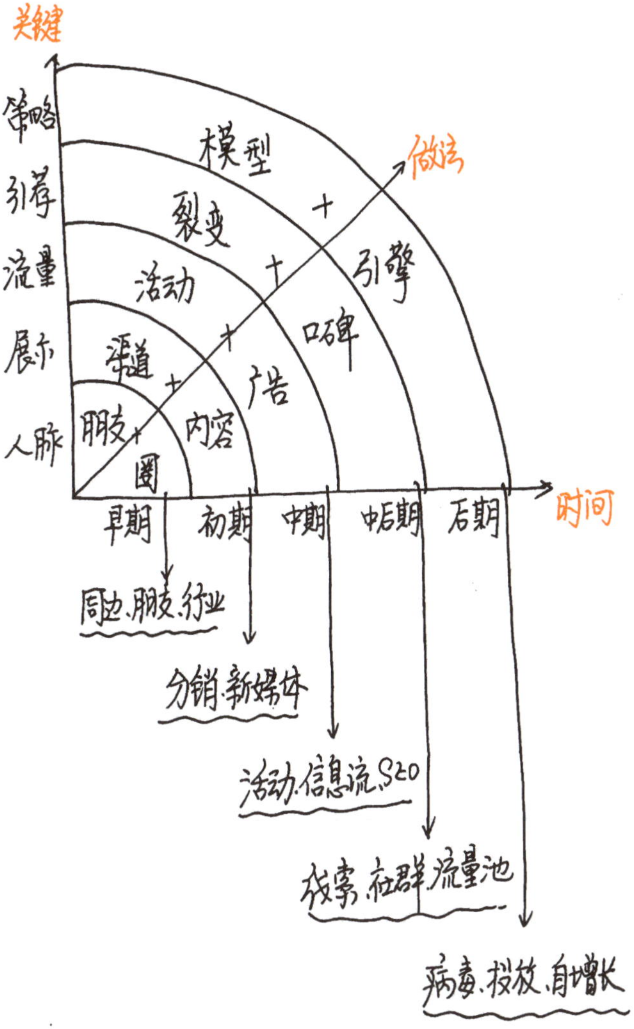
关键
策略
引荐
流量
展示
人脉
做法
模型
裂变
活动
渠道
朋友圈
内容
广告
口碑
引擎
时间
早期
初期
中期
中后期
后期
周边、朋友、行业
分销、新媒体
活动、信息流、SEO
搜索、社群、流量池
病毒、投放、自增长

种子用户——你的前1000个用户怎么来

手稿阅读提示：

- 图中七种方式是获取种子用户的主要方式，且按照可行性依次排序。朋友圈的方式最好，花钱买的方式最差。
- 其中第6条"抖快红"也泛指用新媒体，结合内容推广的方式获取种子用户。
- 前1000个用户并不是指具体数量，而是比喻产品前期种子用户。当然，前1000个用户基本也可以帮你跑通流程，构建MVP了。

种子用户 —— 你的前1000个用户怎么来

1. 朋友圈	生拉硬拽	要给红包
2. 地面推广	善用场景	切入合理
3. KOL推荐	内容植入	粉丝福利
4. QQ群	公告置顶	批量合作
5. 相关论坛	热门加精	质量要好
6. 抖快红	种草转化	尺度技巧
7. 花钱买	精准广告	多渠少量

私域底层——私域流量有什么逻辑

手稿阅读提示：

- 私域流量是指你可以控制、可以多次触达、免费使用以及复用的流量，通常私域流量是来自公域的。
- 严格来说，不存在绝对私域，只是相对概念而已。
- 私域的本质是精细化运营。因为永远都是用户愿意作你的私域才会有私域，是双方的。所以精细化运营才是留住用户、使其成为你的私域的先决条件。

私域底层——私域流量有什么逻辑

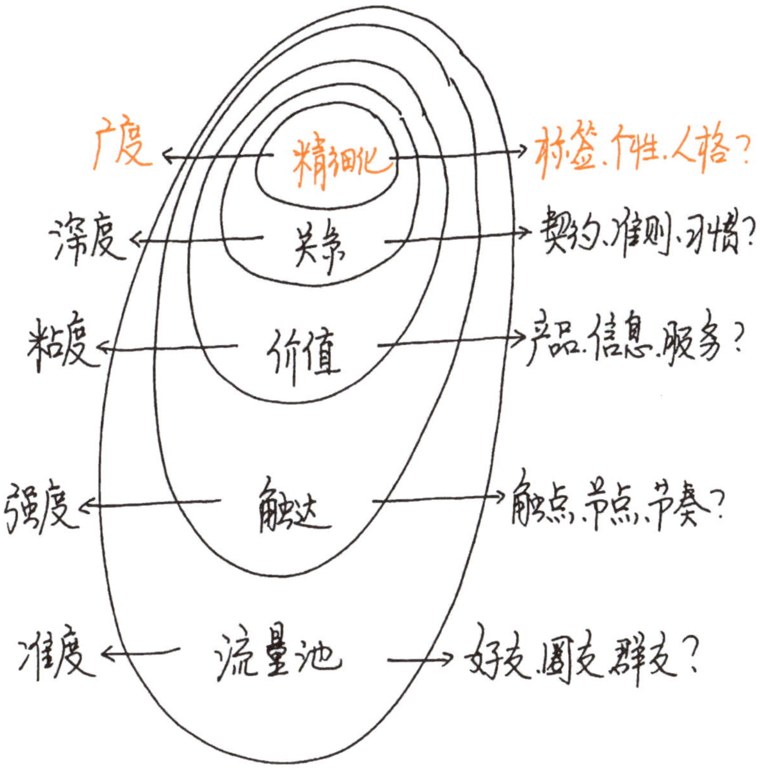
广度
精细化
标签、个性、人格？
深度
关系
契约、准则、习惯？
粘度
价值
产品、信息、服务？
强度
触达
触点、节点、节奏？
准度
流量池
好友、圈友、群友？

私域流量罗盘——私域流量指北

手稿阅读提示：

- 先有载体，再有玩法和关键点，最后是整体思路。
- 做私域需要耐心，别总急着变现。
- 私域的核心还是价值输出。

私域流量罗盘——私域流量指北

私域流量
载体
玩法
思路
关键
个人号
群
其他
信息
社交
服务
IP化
信任度
价值
精细化
长期性
朋友圈
聊天
内容
活动
裂变
小程序
公号
优惠
售前
售后
话题
人脉
资源
咨询
伙伴
真实
人性
情感
专业度
便捷
成长
利益
标签
分层
精细
种草
转化
连接
价值
接受
耐心

流量变现——有流量，如何变现

手稿阅读提示：

- 流量变现的主体思路分四步：首先是聚合你的流量，其次是搭建场景，再次是开发产品，最后是做好运营。流量的触达要做好，场景要相关，产品要完全匹配流量，运营要足够精细。
- 流量是什么，比如你的粉丝、好友、群成员以及你的产品的用户。
- 常用的流量变现模式为四种：广告模式、电商模式、增值模式、外部导流。

流量变现——有流量，如何变现

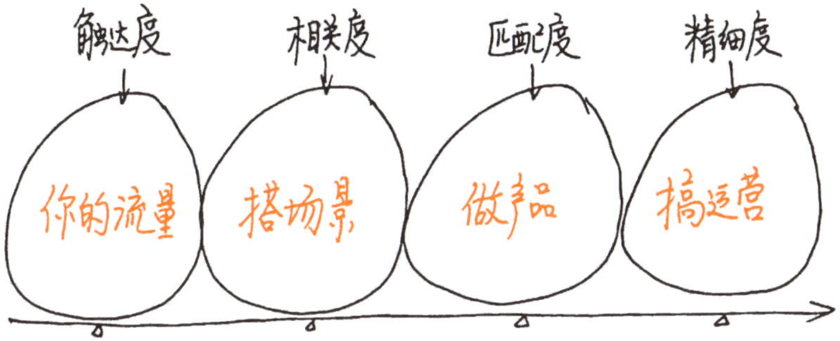
触达度
相关度
匹配度
精细度
你的流量
搭场景
做产品
搞运营

- 粉丝
- 好友
- 群成员
- 用户

- 有啥痛点？
- 细分需求？
- 呈现细节？

- 横向扩展
  → 品类
- 纵向延伸
  → 深度

- 提升转化
- 增加复购
- 更多用户

- 广告模式（传统、程序化、联盟、DSP）
- 电商模式（CPS、自营）
- 增值模式（内容、服务付费）
- 外站导流（CPA、CPC、CPT……）

第5章
内容运营

内容运营是包括新媒体运营的。但也许只有目前是这样而已。

内容运营罗盘——内容运营指北

手稿阅读提示：

- 内容运营是包含短视频、新媒体运营的，至少目前是。
- 内容运营是有一套已有的生产、加工、制作和分发流程的。
- 内容运营是最接近艺术的。

内容运营罗盘 —内容运营指北

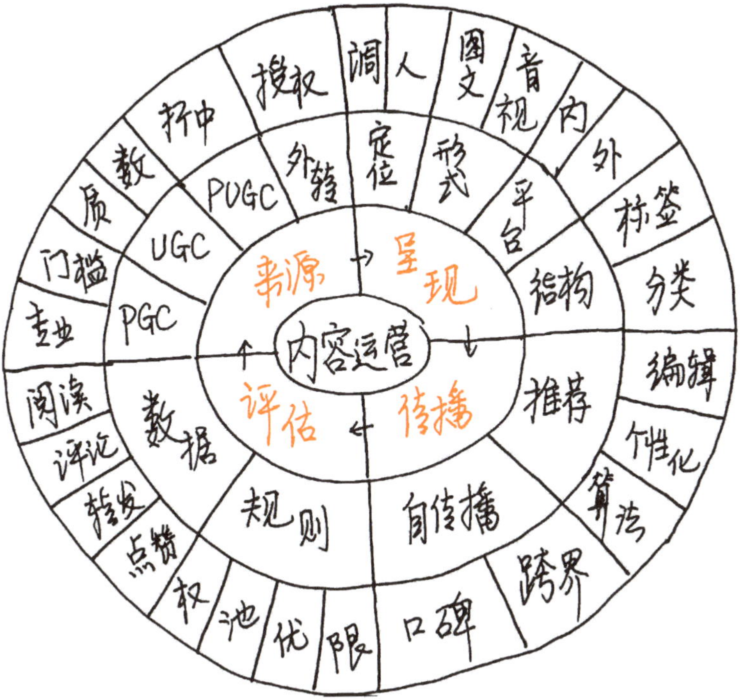
内容运营
来源
呈现
传播
评估
定位
形式
平台
结构
推荐
自传播
规则
数据
PGC
UGC
PUGC
授权
人
图文
音视
内
外
标签
分类
编辑
个性化
算法
跨界
口碑
限
优
池
权
点赞
转发
评论
阅读
专业
门槛
质
数

九字诀——内容运营有讲究

手稿阅读提示：

- 内容运营的初级阶段，就是"借"，尤其是素材。但要注意借是消化吸收，而非抄袭。要在借鉴中学习和创新。

- 内容运营的最终态是有自己的"意"。也就是有意境，有自己独特的味道。这其中可能包括了素材、呈现、结构等，是一种综合、融合状态。

- 可以蹭热点，甚至是和当红名人创造对话机会。但一定不能为了蹭而蹭，而是的确有所表达。

九字诀——内容运营有讲究

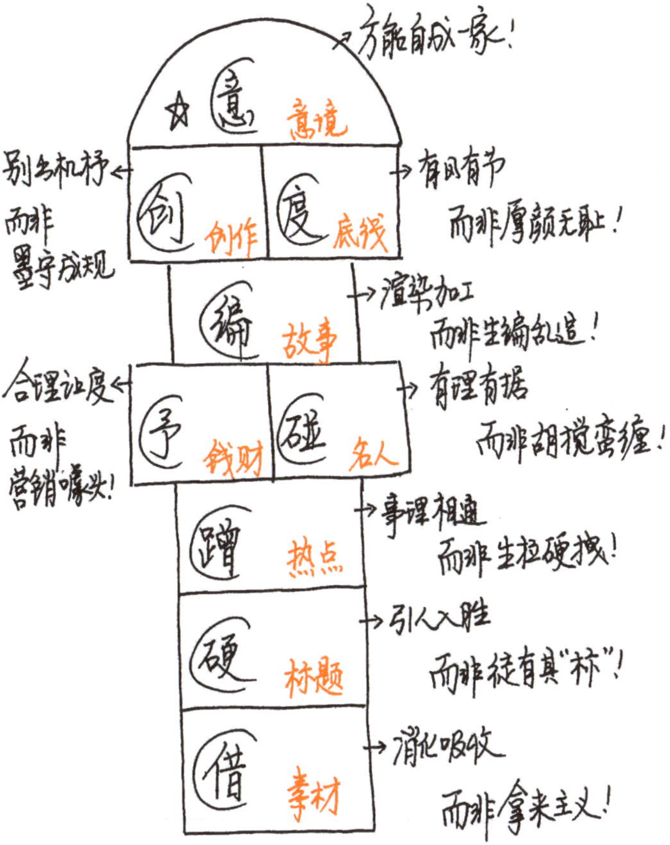
方能自成一家!
意
意境
别出机杼
而非
墨守成规
创
创作
度
底线
有礼有节
而非厚颜无耻!
编
故事
渲染加工
而非生编乱造!
合理让度
而非
营销噱头!
予
钱财
碰
名人
有理有据
而非胡搅蛮缠!
蹭
热点
事理相通
而非生拉硬拽!
硬
标题
引人入胜
而非徒有其"标"!
借
素材
消化吸收
而非拿来主义!

内容六度——如何评价内容的好坏

手稿阅读提示：

- 评估内容的第一个维度，是关注度。没人关注的内容，再好也不值得输出。
- 可看度是最基础的要求，画质清晰、美观大方是优质内容的基础。
- 虽然写了评估内容的六个维度，但应该不止这六度。

内容六度——如何评价内容的好坏

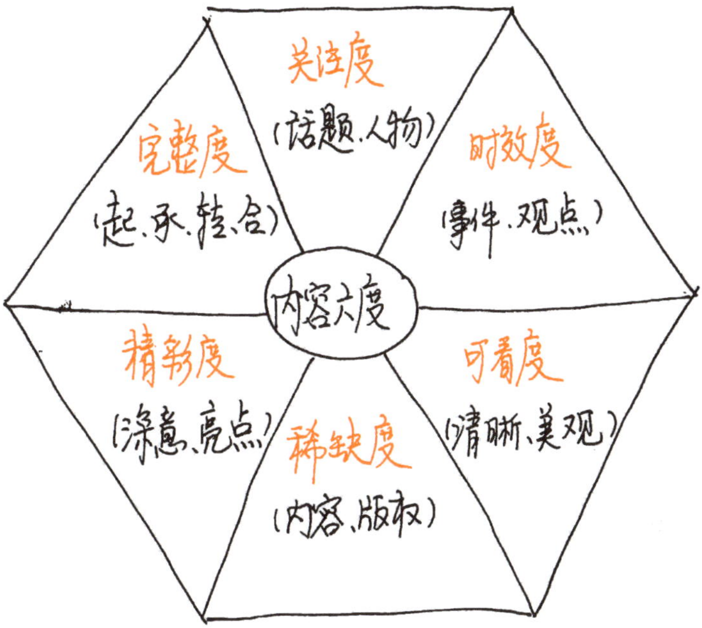
关注度
(话题、人物)
时效度
(事件、观点)
可看度
(清晰、美观)
稀缺度
(内容、版权)
精彩度
(深意、亮点)
完整度
(起、承、转、合)
内容六度

IP底层逻辑 —— IP该怎么打造

手稿阅读提示：

- IP是指知识产权，是指一些有商业价值的、可辨识的虚拟形象，比如专利等。
- IP的最外层是符号，如道具、形象、语言。符号赋予了IP初级辨识度。但仅有符号是无法支撑IP的，甚至不算IP。
- IP的最核心层是文化母体，如精神、思想、习俗等。文化母体也决定了IP可传播的广度和受众对于IP的认知度。
- 完整IP是包含图中五层的。

IP底层逻辑——IP该怎么打造

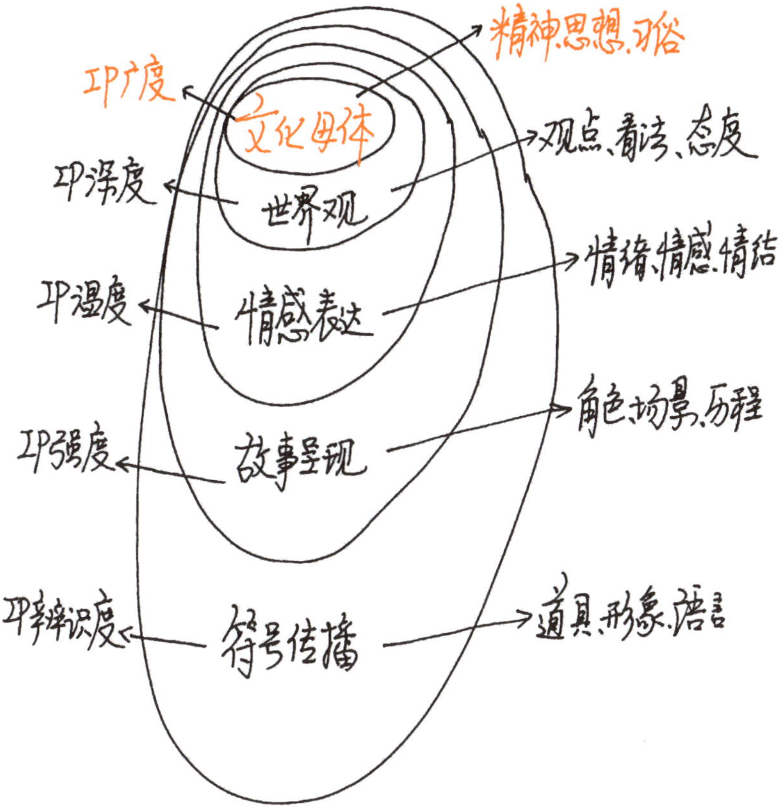
精神思想、习俗
IP广度
文化母体
观点、看法、态度
IP深度
世界观
情绪、情感、情结
IP温度
情感表达
角色、场景、历程
IP强度
故事呈现
道具、形象、语言
IP辨识度
符号传播

短视频——核心本质是什么

手稿阅读提示：

- 短视频，既是视频，也是信息传达的载体。信息是用于传递表达的。短视频的外层，是表达。
- 短视频最核心的维度是认知。在这个维度下，所有的脚本、文案、结构皆为术而已。
- 短视频是内容运营的载体或工具之一，只是一个阶段性产品。

短视频——核心本质是什么

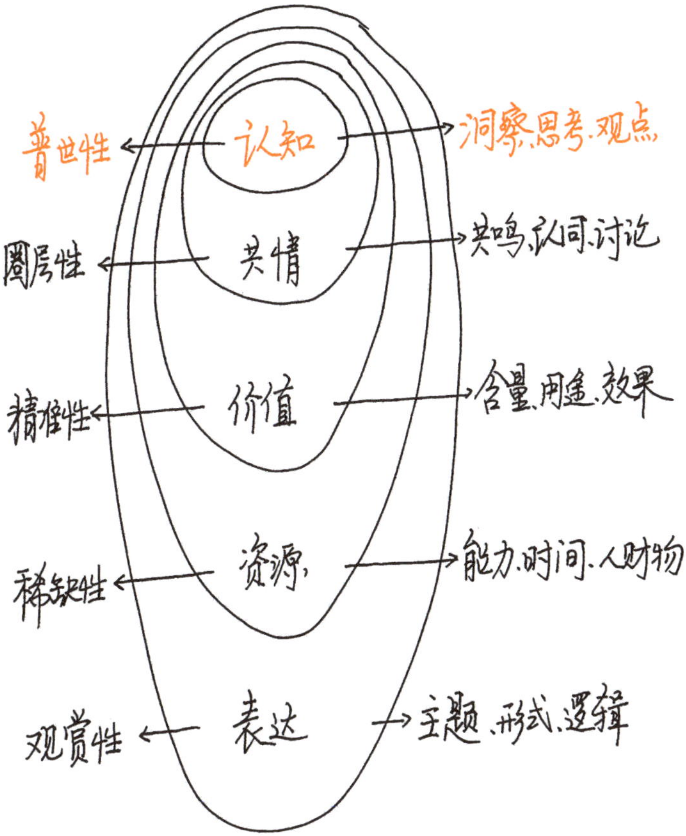
普世性
认知
洞察、思考、观点
圈层性
共情
共鸣、认同、讨论
精准性
价值
含量、用途、效果
稀缺性
资源
能力、时间、人财物
观赏性
表达
主题、形式、逻辑

短视频罗盘——短视频运营指北

手稿阅读提示：

㊀ 你在短视频平台大火特火，和短视频本身几乎没有半点关系。

㊁ 真实、垂直、特长能力是短视频发力的三个基本点。

㊂ 选题、呈现说的是内容本身。

短视频罗盘——短视频运营指北

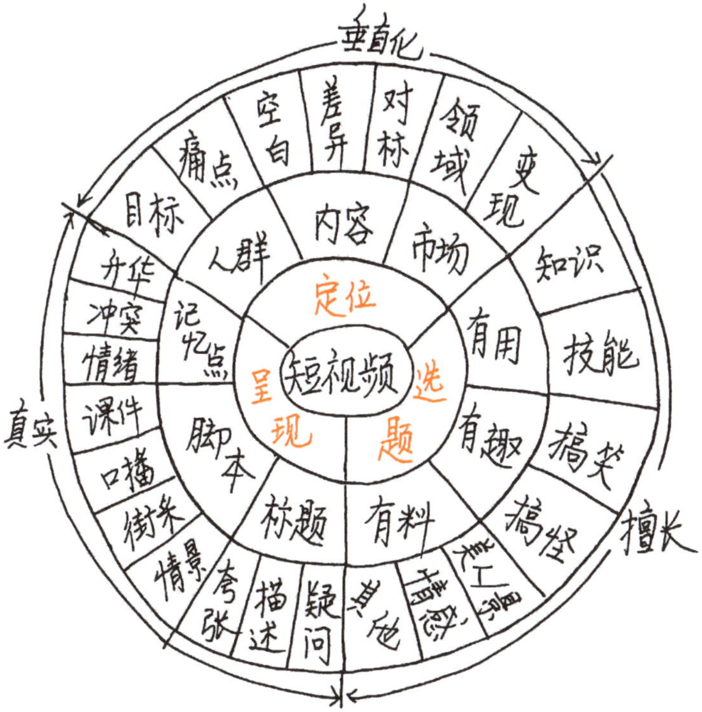
垂直化
擅长
真实
短视频
定位
选题
呈现
内容
市场
有用
有趣
有料
标题
脚本
记忆点
人群
空白
差异
对标
领域
变现
知识
技能
搞笑
搞怪
情感
其他
疑问
描述
夸张
情景
街采
口播
课件
情绪
冲突
升华
目标
痛点

推荐算法罗盘——短视频推荐是怎么回事

手稿阅读提示：

- 别细究推荐算法的细节，看整体逻辑即可。
- 算法本质是把符合平台导向的内容推送给目标受众。
- 你不是发内容给用户看，而是发内容给平台、算法看。

推荐算法罗盘——短视频推荐是怎么回事

算法
内容推荐算法
协同推荐算法
文字信息
用户互动
视频
账号信息
描述
词条
标题
画面
质感
人脸
其他
音乐
时长
赞
评
转
下
停
不感兴趣
年龄
性别
地域
设备
历史
同类
原创
短
中
长
科普
新闻、
知识、
音乐、电影、生活
艺术

直播脚本——直播必备的五个脚本

手稿阅读提示：

- 直播前，应该制作一个总脚本，来规划整个直播的相关事宜，如直播流程、分工、衔接、所需资料及常见问题等。
- 其他四个脚本分别要搞定产品、活动、话术、复盘等问题。
- 脚本类似于剧本、策划方案，是为了能够实现你的目标而制作的操作纲领。

直播脚本——直播必备的五个脚本

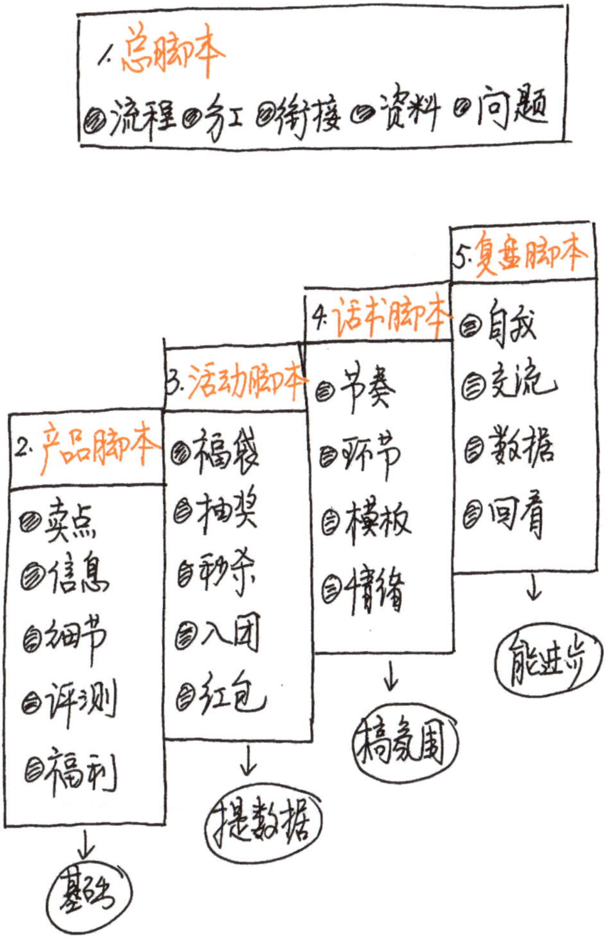
1.总脚本
流程
分工
衔接
资料
问题
2.产品脚本
卖点
信息
细节
评测
福利
基础
3.活动脚本
福袋
抽奖
秒杀
入团
红包
提数据
4.话术脚本
节奏
环节
模板
情绪
搞氛围
5.复盘脚本
自我
交流
数据
回看
能进步

无穷三角模型——直播电商的要素

手稿阅读提示：

- 流量的关键是内容，产品的关键是价格，场景的关键是主播。
- 流量在于沉淀，产品在于爆款，场景在于情绪。
- 直播电商的终极目标，是提升用户的体验。

无穷三角模型——直播电商的要素

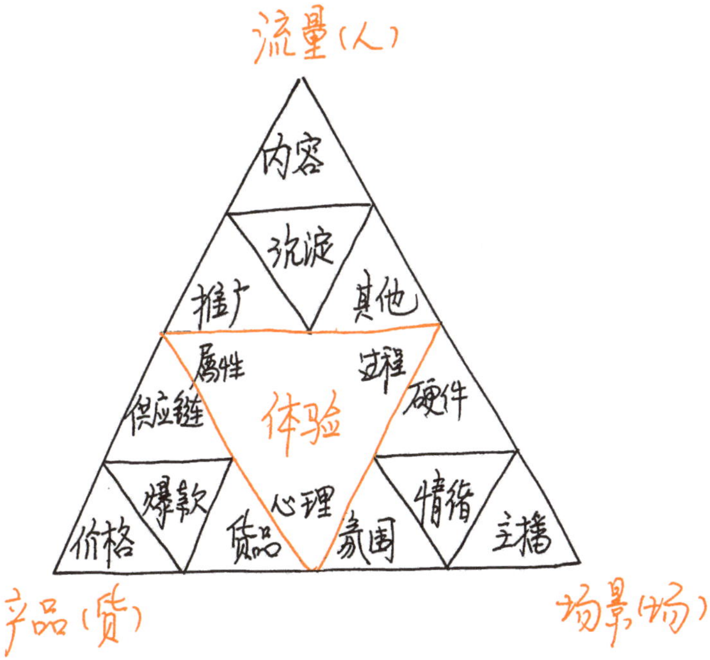
流量(人)
内容
沉淀
推广
其他
属性
过程
供应链
体验
硬件
爆款
心理
情绪
价格
货品
氛围
主播
产品(货)
场景(场)

直播运营罗盘——直播运营指北

手稿阅读提示：

- 直播的成功和直播本身几乎没有关联。
- 直播本质上是一种工具。
- 直播的核心是内容，产品也是内容。

直播运营罗盘——直播运营指北

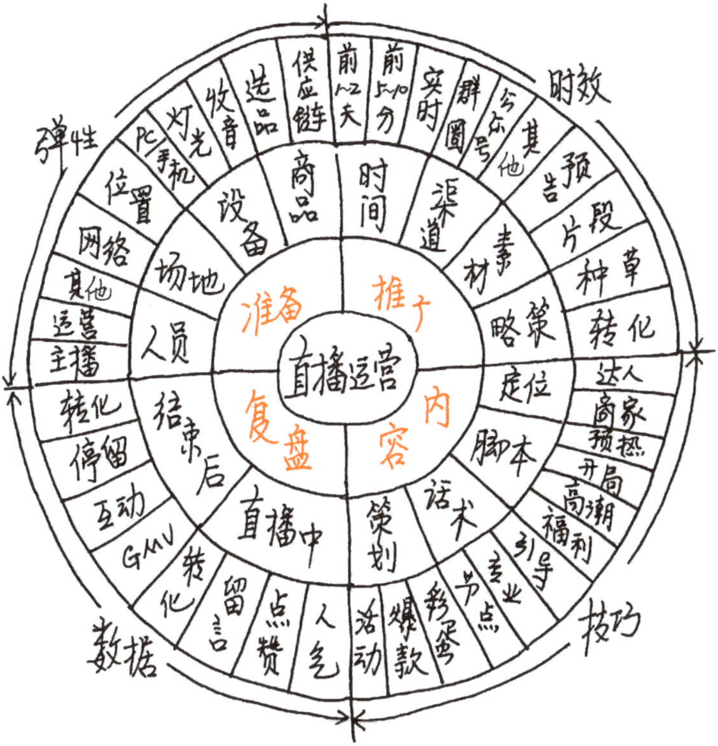
直播运营
准备
推广
内容
复盘
商品
时间
渠道
素材
策略
定位
脚本
话术
策划
直播中
结束后
人员
场地
设备
供应链
前1~2天
前5~10分
实时
群图
公众号
其他
预告
片段
种草
转化
达人
商家
预热
开局
高潮
福利
引导
专业
节点
彩蛋
爆款
活动
人气
点赞
留言
转化
GMV
互动
停留
转化
主播
运营
其他
网络
位置
PC/手机
灯光
收音
选品
弹性
时效
技巧
数据

节日运营——内容和活动节日运营口诀

手稿阅读提示：

- 节日有大有小，节日越大，活动的切入点要越小。
- 在节日运营中，内容和活动往往是无法分离的，因为节日本身就是内容，发起的话题就算活动。
- 不是所有的节日都要追，都要做活动搞内容。无法结合产品，硬拼在一起的活动或内容是没有意义的。

节日运营——内容和活动节日运营口诀

切入点	1.管中窥豹：IP越大，着手点越小。
结合产品	2.灵魂契合：神聚为上，貌合为中，硬拼为下。
活动调性	3.娱乐至上：趣味为上，有用为中，促销为下。
输出视角	4.剑走偏锋：独特为上，新意为中，雷同为下。
活动落点	5.以人为本：有格调为上，涨知识为中，得实惠为下。
用户参与	6.大道至简：点击为上，复制为中，填字为下。

新媒体环——做B端产品如何做新媒体

手稿阅读提示：

① 做B端产品，更该做新媒体。

② 新媒体为起点和终点的连接点。

③ 新媒体发声，社群转化，线上成交。

新媒体环——做B端产品如何做新媒体

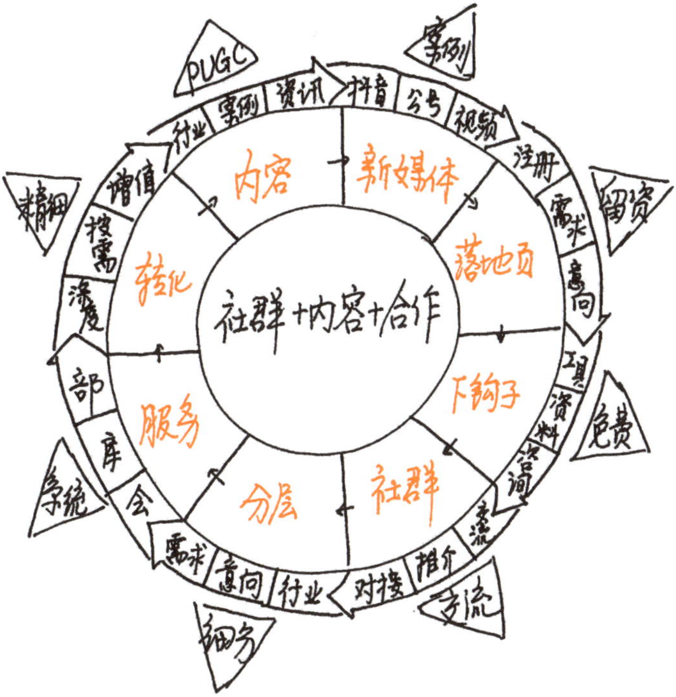
社群+内容+合作
内容
新媒体
落地页
下钩子
社群
分层
服务
转化
行业
案例
资讯
抖音
公号
视频
注册
需求
意向
工具
资料
咨询
推介
对接
行业
意向
需求
会
库
部
深度
增值
PUGC
案例
留资
免费
交流
细分
系统
精细

第 6 章
活动运营

活动运营，迟早会被剥离出运营体系，不信你就等着。

活动运营罗盘——活动运营指北

手稿阅读提示：

- 严格来说，品牌和公关活动是属于市场部的事儿。
- 活动的本质，是一种手段。
- 活动运营早晚会被剥离出运营体系。

活动运营罗盘——活动运营指北

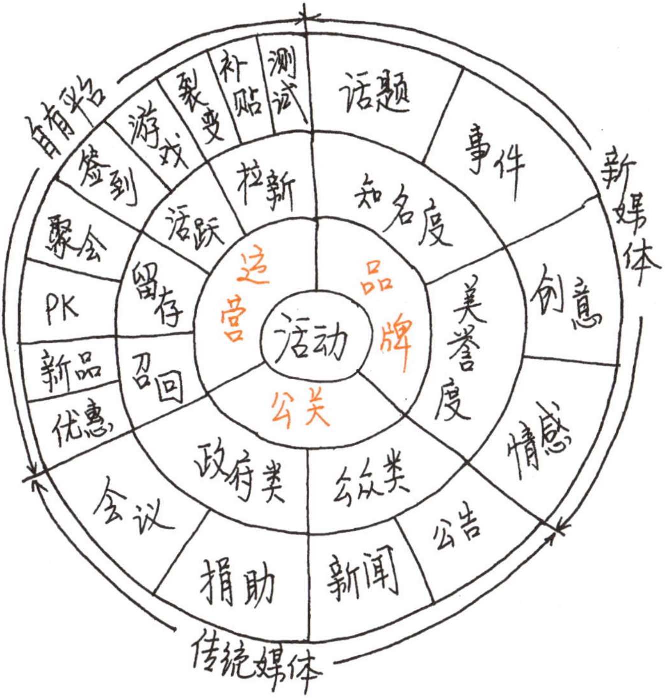
活动
运营
品牌
公关
拉新
活跃
留存
召回
知名度
美誉度
政府类
公众类
测试
补贴
裂变
游戏
签到
聚会
PK
新品
优惠
话题
事件
创意
情感
公告
新闻
捐助
会议
自有平台
新媒体
传统媒体

五分法——活动运营的五大要素

手稿阅读提示：

- 这是一种极简的活动拆分方法。
- 活动原力即人性欲望根源。
- 五大要素是活动运营的主要部分，而非全部。
- 本图不能用来对照着写活动方案。

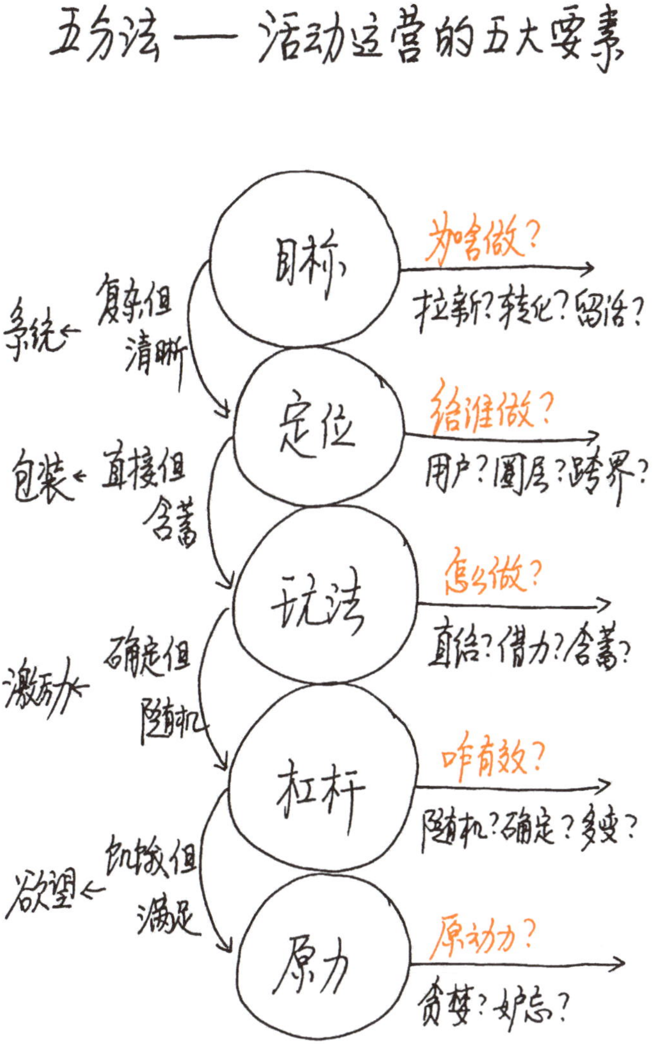
五力法——活动运营的五大要素
目标
为啥做？
拉新？转化？留存？
复杂但清晰
系统
定位
给谁做？
用户？圈层？跨界？
直接但含蓄
包装
玩法
怎么做？
直给？借力？含蓄？
确定但随机
激励
杠杆
咋有效？
随机？确定？多变？
饥饿但满足
欲望
原力
原动力？
贪婪？妒忌？

活动六度——如何评价一场活动

手稿阅读提示：

- 评价一场活动，首要是看是否达到了活动的目的。
- 在评价活动设计的过程中，要重点考察活动是否足够有趣，有创意，够简单，能让用户参与进来。
- 六个维度仅供参考，现实中需结合具体情况来分析，可能要多于六个维度。

活动六度——如何评价一场活动

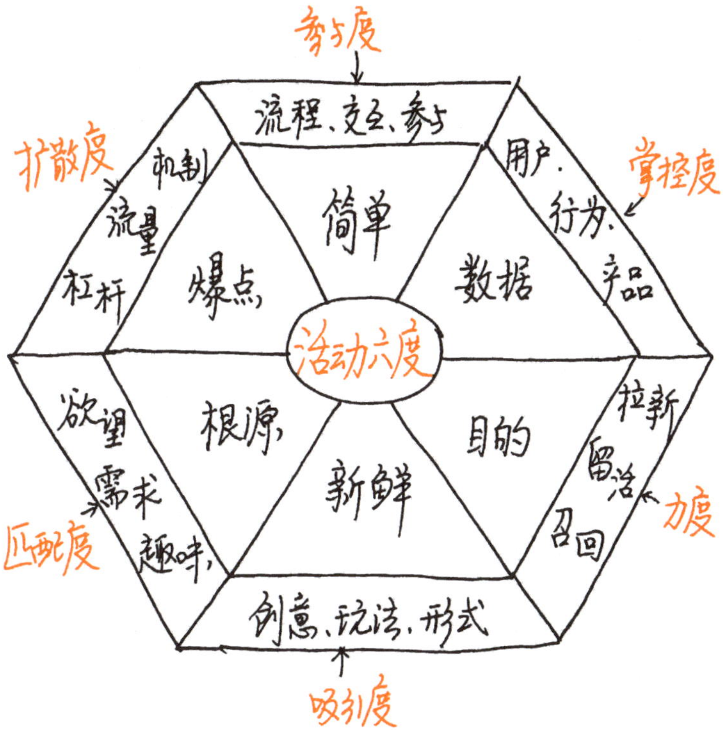
参与度
流程、交互、参与
扩散度
机制
流量
杠杆
爆点
简单
用户、
行为、
产品
掌控度
数据
活动六度
欲望
需求
趣味、
匹配度
根源
新鲜
目的
拉新
留活
召回
力度
创意、玩法、形式
吸引度

活动认知——活动运营的七个公式

手稿阅读提示：

① 活动对运营甚至企业的意义是最重要的，大于价值和目标。

② 参与人数固然重要，围观人数，也就是关注到活动的人数更重要。

③ 要重点关注活动意义、影响的人群、用户参与动机、对用户的洞察、围观人群、活动IP或产品IP以及活动的曝光度。

活动认知——活动运营的七个公式

1. 目的 ≤ 价值 ≤ 意义
2. 受众 ≤ 圈层 ≤ 人群
3. 动机 = 激励 = 上瘾
4. 创意 ∈ 灵感 ∈ 洞察
5. 参与 ≤ 讨论 ≤ 围观
6. 活动 < IP < 品牌
7. 用户 ≤ 流量 ≤ 曝光

活动SOP —— 活动方案怎么写

手稿阅读提示：

- 上等的活动是解药，能解决很多问题。
- 中等的活动是止痛药，看上去能解决很多问题。
- 下等的活动是毒药，能引发很多问题。

活动SOP——活动方案怎么写

1. 背景：为啥要做？为啥是现在做？（必要性）
2. 主题：咋吊起用户胃口？阐明主旨？（号召性）
3. 目标：预估和期望的结果是啥？（明确性）
4. 策略：思路和玩法是啥？总体方针？（奇巧性）
5. 时间：时间节点都是啥？周期安排？（阶段性）
6. 参与流程：用户咋参与？啥规则？（简洁性）
7. 推广：活动咋曝光？有啥宣传渠道？（针对性）
8. 预算：要花多少钱？具体咋花？（精细性）
9. 执行：谁在啥时间完成啥？到啥程度？（衔接性）
10. 预案：有啥风险？如何预防？有无B方案？（可控性）

活动实操——如何做好一场活动

手稿阅读提示：

- 实操一场活动的顺序是策划—执行—总结（复盘）。
- 策划和执行几乎可以成为独立的两种职业。
- 不要以为执行很容易，它和策划一样都有难度。而且，一次高质量的复盘非常重要。

活动实操——如何做好一场活动

空手
一场活动
策划
执行
总结
拆解
创意
框架
方案
风险
资源
筹备
实施
结果
复盘
提炼
种类
关系
数量
形式
内容
玩法
一体化
分步走
重组
加减
丰满
统一
弱点
意外
人
财物
时间
项目组
甘特图
领导
节点
日常
突发
数据
目标
鱼骨图
复现
经验
教训
建议
陪练
论手

活动表格——七张表搞定活动运营

手稿阅读提示：

- 这七张表几乎是活动运营必备的，是可落地、可实操的。
- 活动流程表根据线上还是线下会有质的不同。
- 数据埋点表实际更复杂，需要活动运营提供详细需求。

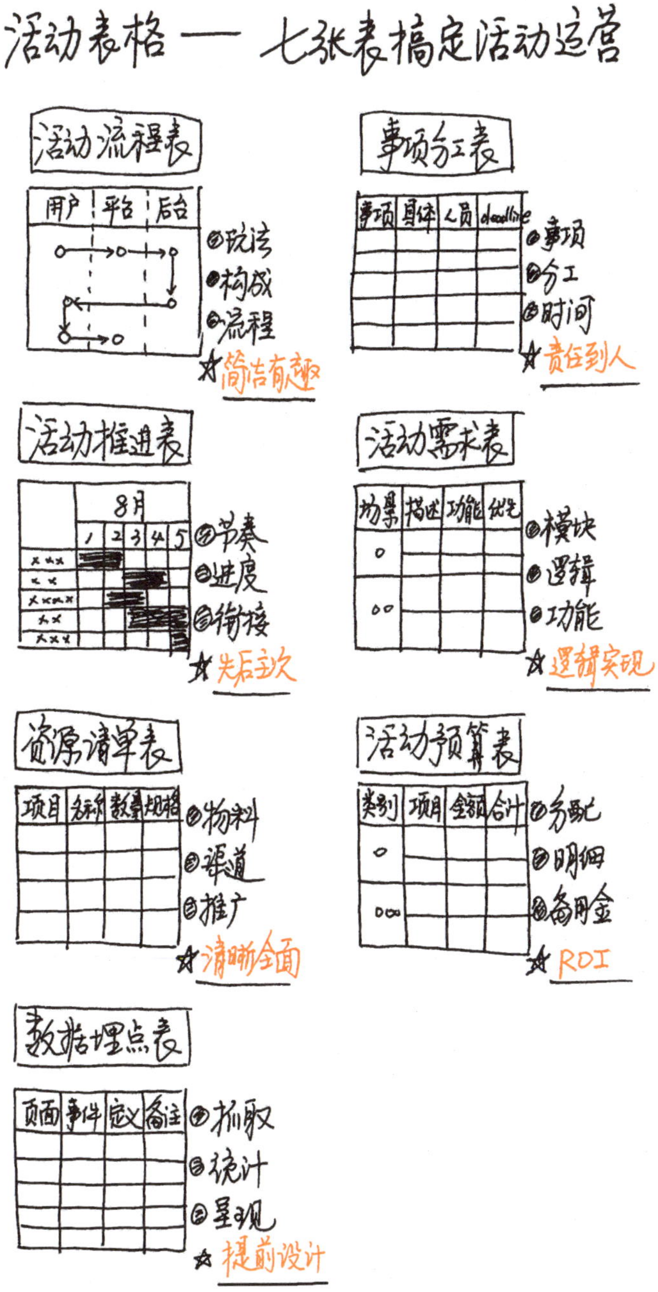
活动表格——七张表搞定活动运营
活动流程表
用户 平台 后台
①玩法
②构成
③流程
☆简洁有趣
事项分工表
事项 具体 人员 deadline
①事项
②分工
③时间
☆责任到人
活动推进表
8月
1 2 3 4 5
①节奏
②进度
③衔接
☆先后主次
活动需求表
场景 描述 功能 优先
①模块
②逻辑
③功能
☆逻辑实现
资源清单表
项目 名称 数量 规格
①物料
②渠道
③推广
☆清晰全面
活动预算表
类别 项目 金额 合计
①分配
②明细
③备用金
☆ROI
数据埋点表
页面 事件 定义 备注
①抓取
②统计
③呈现
☆提前设计

文案写作——好文案是怎么写出来的

手稿阅读提示：

- 好文案源于洞察，始于目标，奇于角度，妙于创意，功于文字，成于校对。
- 好文案的形成，以下六步均不可少。

文案写作——好文案是怎么写出来的

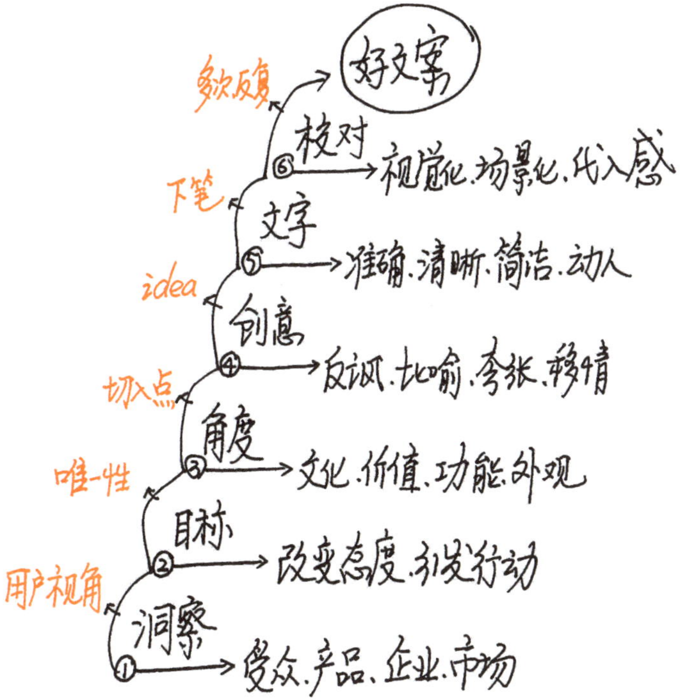
好文案
多次反复
⑥ 校对
视觉化、场景化、代入感
下笔
文字
⑤ 准确、清晰、简洁、动人
idea
创意
④ 反讽、比喻、夸张、移情
切入点
角度
③ 文化、价值、功能、外观
唯一性
目标
② 改变态度、引发行动
用户视角
洞察
① 受众、产品、企业、市场

没有预算——活动怎么做

手稿阅读提示：

- 没有预算，就得有资源。
- 要判断没有预算的情况是偶然还是常态。
- 既没预算，又没资源，还是常态，就可能需要用绝策。

没有预算——活动怎么做

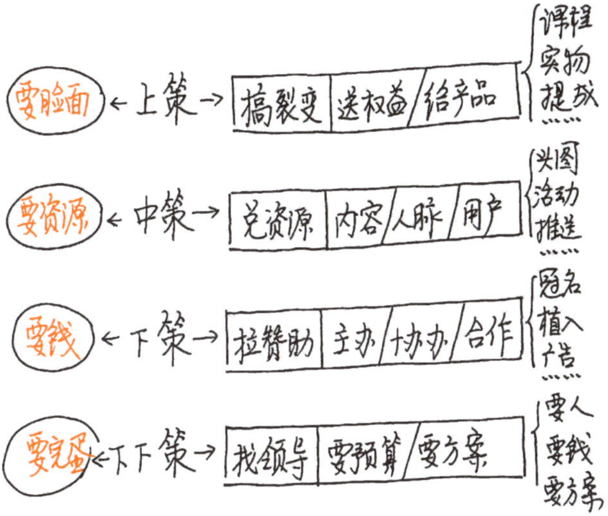
要脸面
上策
搞裂变
送权益
给产品
课程
实物
提成
要资源
中策
兑资源
内容
人脉
用户
头图
活动
推送
要钱
下策
拉赞助
主办
协办
合作
冠名
植入
广告
要完蛋
下下策
找领导
要预算
要方案
要人
要钱
要方案

绝策：工作赶紧换！

数据埋点——活动需采集哪些数据

手稿阅读提示：

- 大部分的活动，用不着这么多的数据埋点。
- 数据均可按人/次/时段/累计值等方式组合。
- 不要上来就埋点，活动要先有目的，埋点也要先有目的和需求。

数据埋点——活动需采集哪些数据

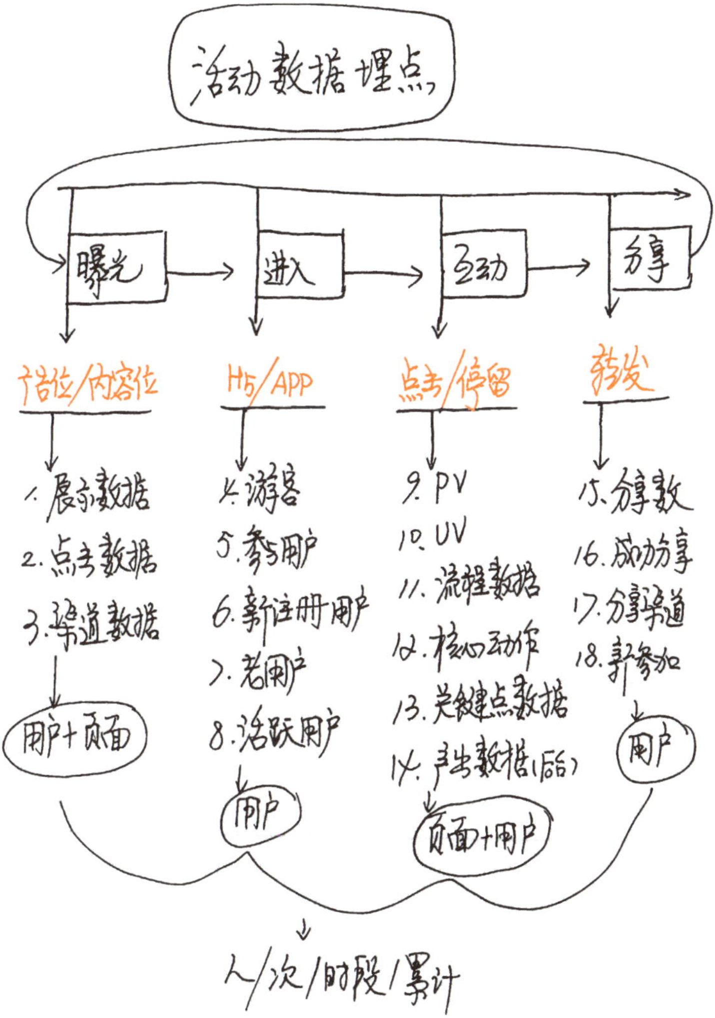
活动数据埋点
曝光
进入
互动
分享
广告位/内容位
H5/APP
点击/停留
转发
1.展示数据
2.点击数据
3.渠道数据
用户+页面
4.游客
5.参与用户
6.新注册用户
7.老用户
8.活跃用户
用户
9.PV
10.UV
11.流程数据
12.核心动作
13.关键点数据
14.产出数据(后)
页面+用户
15.分享数
16.成功分享
17.分享渠道
18.新参加
用户
人/次/时段/累计

第 7 章
杂项

运营，就应该是个无所不能的杂家。看似不着边际，实则都是智慧。

智慧的层次——你确定你是缺乏知识吗

手稿阅读提示：

- 数据是最基础的，是数字、数值，也泛指我们看到的一些现象。
- 对数据进行分类加工整理，可得到一些信息。
- 对信息进行提炼、梳理、整合之后，可得到知识。
- 把知识通盘理解之后，并进行升华，可能会得到智慧。

智慧的层次——你确定你是缺少知识吗

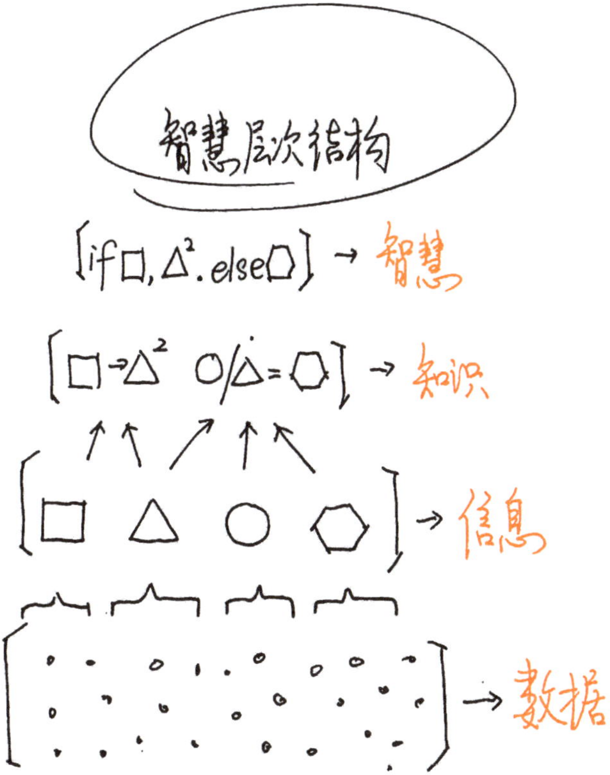
智慧层次结构
{if□, △². else⬡} → 智慧
[□→△² ○/△=⬡] → 知识
[□ △ ○ ⬡] → 信息
→ 数据

认知曲线——论认知的水准

手稿阅读提示：

① 本图来自"达克效应"。

② 大多数时候，人并不能了解自己。

③ 不是所有的人都会走完这条曲线。

认知曲线——论认知的水准

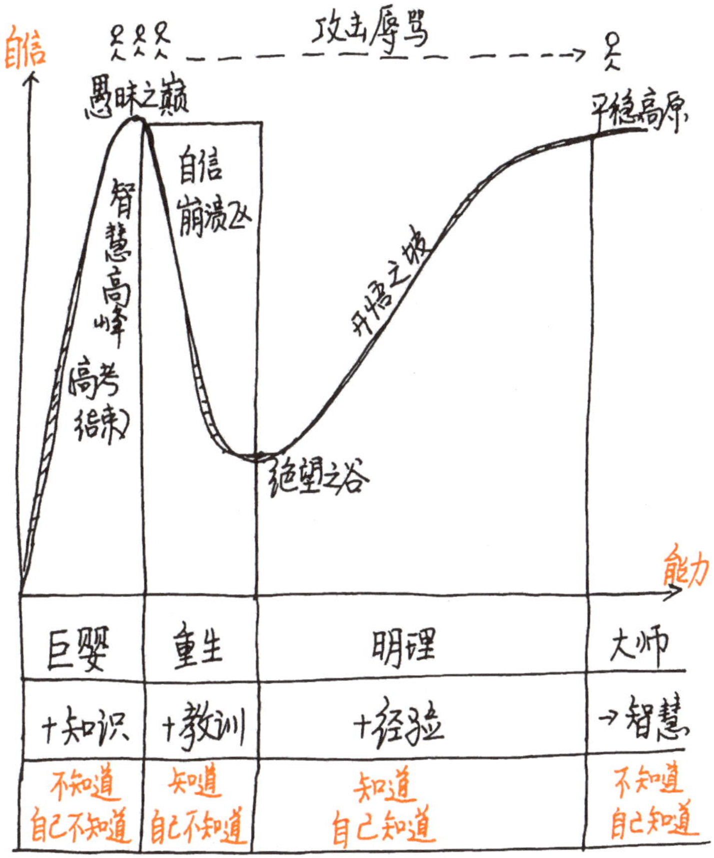
自信
攻击辱骂
愚昧之巅
平稳高原
自信崩溃区
智慧高峰
(高考结束)
开悟之坡
绝望之谷
能力
巨婴
重生
明理
大师
+知识
+教训
+经验
→智慧
不知道自己不知道
知道自己不知道
知道自己知道
不知道自己知道

赚钱有道——有限的赚钱模式

手稿阅读提示：

- 在图的九宫格里，左上角是关键点，中间是简易的模式描述，右下方是举例。
- 最后的品牌、选择、生态都是高阶玩法。产品、产权、信息相对低阶，差异、资源、流量为中阶。

赚钱有道——有限的赚钱模式

赚钱有道
价格 卖产品 卖得多 赚得多 怡宝
研发 卖产权 出让产权获回报 微软
消息 卖信息 利用信息不对称 瓜子
视角 卖差异 独特产品的价值 刚哥
通路 卖资源 整合资源成合力 苹果
免费 卖流量 聚集用户后变现 360
营销 卖品牌 塑造品牌得溢价 LV
垄断 卖选择 竞争寡头议价权 滴滴
战略 卖生态 总有一款适合你 腾讯

赚钱底层——我怎么看待赚钱

手稿阅读提示：

- 天天想着怎么赚钱的人，通常赚不到大钱。
- 把事情做到极致，就能赚到一些钱。
- 真正能赚到大钱的人，都是乘势、顺势而为。

赚钱底层——我怎么看待赚钱

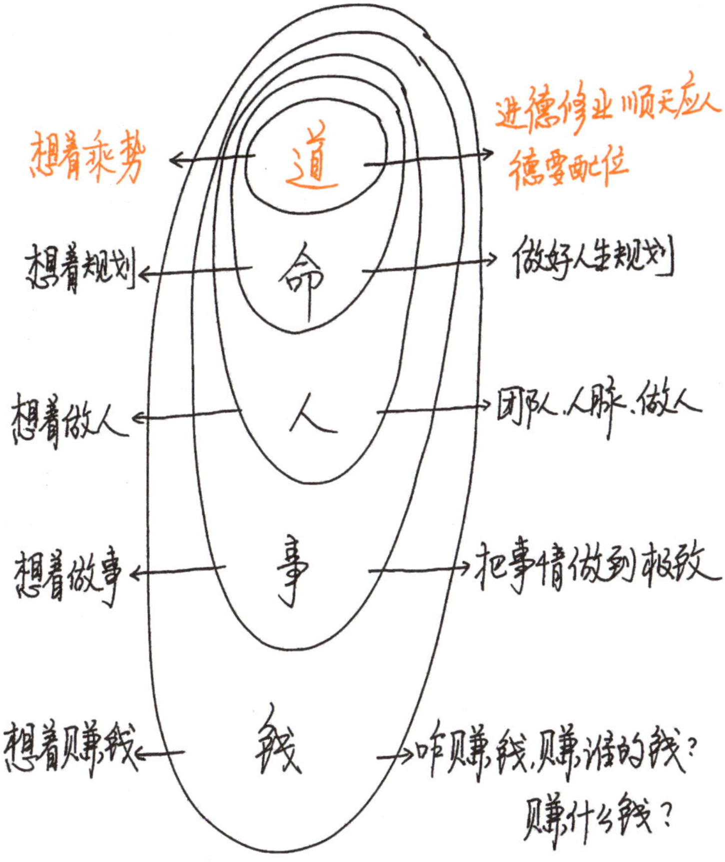
道
想着乘势
进德修业 顺天应人
德要配位
命
想着规划
做好人生规划
人
想着做人
团队、人脉、做人
事
想着做事
把事情做到极致
钱
想着赚钱
咋赚钱，赚谁的钱？
赚什么钱？

护城河——如何搭建企业和个人的护城河

手稿阅读提示：

- 护城河，就是指你的核心竞争力，你的壁垒，短期内竞争对手难以跨越的能力。
- 企业和个人的护城河是很相似的，都可以总结为成本、资产、能力、转换成本、规模几个方面。

护城河——如何搭建企业和个人的护城河

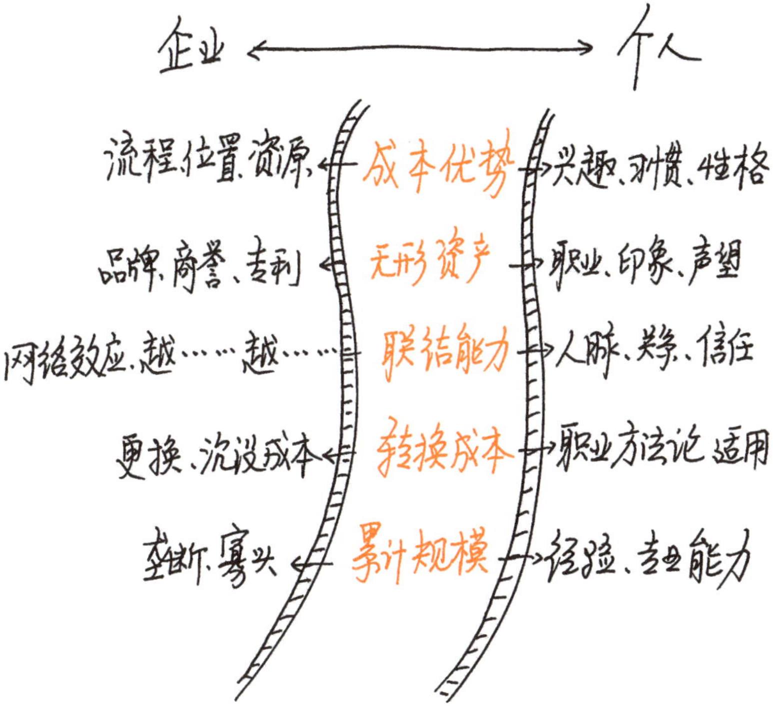
企业
个人
流程、位置、资源
成本优势
兴趣、习惯、性格
品牌、商誉、专利
无形资产
职业、印象、声望
网络效应、越……越……
联结能力
人脉、关系、信任
更换、沉没成本
转换成本
职业方法论适用
垄断、寡头
累计规模
经验、专业能力